El trauma no te destruye

La información contenida en este libro se basa en las investigaciones y experiencias personales y profesionales del autor y no debe utilizarse como sustituto de una consulta médica. Cualquier intento de diagnóstico o tratamiento deberá realizarse bajo la dirección de un profesional de la salud.

La editorial no aboga por el uso de ningún protocolo de salud en particular, pero cree que la información contenida en este libro debe estar a disposición del público. La editorial y el autor no se hacen responsables de cualquier reacción adversa o consecuencia producidas como resultado de la puesta en práctica de las sugerencias, fórmulas o procedimientos expuestos en este libro. En caso de que el lector tenga alguna pregunta relacionada con la idoneidad de alguno de los procedimientos o tratamientos mencionados, tanto el autor como la editorial recomiendan encarecidamente consultar con un profesional de la salud.

Título original: UNBROKEN: THE TRAUMA RESPONSE IS NEVER WRONG
Traducido del inglés por Antonio Luis Gómez Molero
Diseño de portada: Editorial Sirio, S.A.
Maquetación: Toñi F. Castellón

© de la edición original
2023 MaryCatherine McDonald

Edición publicada con autización exclusiva de Sounds True Inc.

© de la fotografía de la autora
2022 de Stephanie Mohan

© de la presente edición
EDITORIAL SIRIO, S.A.
C/ Rosa de los Vientos, 64
Pol. Ind. El Viso
29006-Málaga
España

www.editorialsirio.com
sirio@editorialsirio.com

I.S.B.N.: 978-84-19685-69-8
Depósito Legal: MA-1988-2024

Impreso en Imagraf Impresores, S. A.
c/ Nabucco, 14 D - Pol. Alameda
29006 - Málaga

Impreso en España

Puedes seguirnos en Facebook, Twitter, YouTube e Instagram.

 El papel utilizado para la impresión de este libro está **libre de cloro** elemental (ECF) y su procedencia está certificada por una entidad independiente, no gubernamental, que promueve la sostenibilidad de los bosques.

Dra. MaryCatherine McDonald

El trauma no te destruye

Entender, definir y sanar
la experiencia traumática desde
una nueva comprensión no estigmatizante

EDITORIAL
SIRIO

Eh, tú.
No estás solo/a.

Índice

Acerca de los casos narrados en este libro

Los relatos de los clientes de este libro son una composición. Ningún caso es la historia de un solo individuo. Por protección y privacidad, cada relato contiene fragmentos de diferentes casos.

Pero el hecho de componer estas historias no solo tiene que ver con el hecho de salvaguardar la privacidad, sino también con preservar la unidad. Si eres o has sido mi cliente y reconoces tu historia aquí, es porque es tu historia. Y al mismo tiempo no lo es. La mía también está aquí. Quiero que sepas que, incluso en tu momento más aislado y solitario, no estabas solo.*

---

* N. del T.: Por razones prácticas, se ha utilizado el masculino genérico en la traducción del libro. La prioridad al traducir ha sido que la lectora y el lector reciban la información de la manera más clara y directa posible.

No estamos dañados sin remedio

La cura para el dolor se encuentra en el dolor.
Rumi (traducido por Coleman Barks)

Cada jueves, durante casi cuatro años, me sentaba en la consulta de mi terapeuta y le mostraba nuevas pruebas de la desolación de la vida, como si le enseñara un trozo de vidrio arrojado por el mar que había recogido de la playa el fin de semana anterior.

—¿Lo ves? Esto es una prueba. Eso es todo lo que hay. Fragmentos, afilados y rotos. ¿No lo ves?

—Sí, veo el cristal, los fragmentos —me decía—. Pero ¿seguro que eso es lo único que hay?

En honor a la verdad, en aquella época me enfrentaba a muchas situaciones extremas. Estaba rodeada de dramas, algunos no excesivamente importantes, otros muy graves. Tenía veinticinco años, mis padres habían muerto repentinamente y lo que quedaba de mi familia se estaba desintegrando bajo el peso del dolor. Vendimos la casa en la que crecimos y ahora las pertenencias de treinta años de mis padres —y sus seis hijos— estaban repartidas a lo largo de tres estados.

Con el paso del tiempo, la presión se volvió insostenible. Empecé a padecer migrañas intensas, ataques de pánico continuos y episodios de vértigo. La vida era como una sucesión de pesadillas. Si la edad adulta iba a ser así, no la quería. En cuestión de meses, casi todo lo que me anclaba a tierra había sido arrancado y me encontraba flotando en medio del mar.

El único lugar en el que encontraba estabilidad era el trabajo. De modo que trabajaba *a todas horas*. Coleccionaba empleos —a tiempo parcial, a tiempo completo—, además de dar y recibir clases. Fui niñera, profesora auxiliar, y además me contrataban para hacer planes de estudios y editar libros. Los únicos momentos en los que me sentía bien era cuando podía olvidar las circunstancias de mi vida para perderme en un proyecto, preferiblemente uno con un plazo de entrega apremiante. El tiempo libre significaba la posibilidad de quedarme a solas conmigo misma, y estaba segura de que, si eso ocurría, terminaría ahogándome en mis emociones, en ese mar que había descubierto hecho de fragmentos de cristal.

Aparte de la distracción del trabajo, solo disponía de dos técnicas de afrontamiento: el Xanax y los saltos de tijera. El Xanax es, en teoría, un ansiolítico, pero tiene un efecto extremadamente breve. Tan pronto como se pasa, el pánico puede aparecer y recorrer tu cuerpo como si te hubiera caído encima un cable de alta tensión. En cuanto eso ocurría, me levantaba de donde estuviera sentada y empezaba a dar saltos. El razonamiento que hacía mi pequeño cerebro desquiciado y hecho polvo era que si me ponía a dar saltos de tijera, al menos mi corazón se aceleraría por un *motivo*, y eso sería mucho menos aterrador que ponerse a cien *sin motivo*.

Estas técnicas de afrontamiento funcionaban, más o menos, pero tenían enormes desventajas. El Xanax no se puede tomar durante mucho tiempo y hay muchas situaciones en las que la gente podría asustarse si te pones a dar saltos de alegría frenéticos. ¿Qué iba a hacer si me daba un ataque de pánico mientras daba clase? ¿Saltar como una loca en mitad de una lección? Al parecer, lo único que me quedaba era hiperventilar.

De manera que si fui a terapia, no fue para que me recordaran que en la vida había algo más aparte del horror puro y duro (tenía el convencimiento absoluto de que *no había* nada más); fui porque mi vida se había vuelto insoportable.

En una de nuestras sesiones, le mencioné a mi terapeuta, con un poco de vergüenza, que últimamente, cuando me sentía muy mal, me había dado por tumbarme en el suelo. Y que esto lo hacía en el centro de estudiantes, en la sala de graduados, en mi despacho y en casa. Incluso había pensado hacerlo en el transporte público y en la calle. Estaba convencida de que, en cuanto dijera esto, mi terapeuta me recomendaría que me internaran en una institución.

Sin embargo, en lugar de eso, exclamó:

—¡Es una técnica excelente de enraizamiento!

—¿Una *qué*?

—Una forma de conectarte a tierra. Al sentir la firmeza del suelo, te calmas y te relajas. ¡Es genial que se te haya ocurrido eso sin ni siquiera saber lo que era! Tengo la impresión de que sabes exactamente lo que necesitas. Tal vez deberías confiar un poco más en ti misma.

Resulta que, cuando te sientes confuso o a punto de perder la cabeza, tumbarte en el suelo te proporciona una fuerza opuesta a la ansiedad y la excitación. Si te tumbas bocarriba y presionas el cuerpo contra el suelo, notando y sintiendo cada uno de los puntos en los que lo tocas, te vuelves más consciente de la estabilidad, de la fuerza. Empiezas a sentir una mayor seguridad a tu alrededor y a sentirte más presente. Si te tumbas bocabajo y respiras hondo, llevando el aire al vientre, activas el sistema nervioso parasimpático a través del nervio vago, que ralentiza el ritmo cardiaco y devuelve el cuerpo a un estado de calma.

En aquel momento no sabía nada de eso. Simplemente me tumbaba en el suelo porque lo *necesitaba*. Porque estaba aturdida y desorientada, abrumada y tratando de recordar qué se siente al pisar tierra firme. Y es que todo se había vuelto insoportable. *No* porque estuviera destrozada, ni porque fuera demasiado débil o imperfecta, ni porque estuviera condenada a sufrir la vida entera, sino por todo lo contrario: porque era fuerte, sana y consciente. Incluso en una situación tan desesperada como aquella, mi pobre cuerpecito y mi cerebro, agotado y desquiciado, habían *sabido* encontrar justo lo que necesitaba.

Aquel día, algo cambió en mí. Empecé a comprender que el impulso de buscar estrategias de afrontamiento es una forma de resiliencia y que esa resiliencia es inherente al ser humano. Y eso me llevó a preguntarme cuánta gente sanaría si aprendiéramos más acerca de ese impulso natural de afrontamiento y supiéramos equipar la caja de herramientas de nuestra resiliencia con estrategias que funcionaran adecuadamente.

En principio, debería resultar imposible llegar a la edad adulta sin contar con un montón de estrategias de afrontamiento bien perfeccionadas. Sin embargo, eso es lo que le pasa a la mayoría. ¿Cómo me las apañé para llegar a los veinticinco años con solo *dos* de esas estrategias? ¿El Xanax y los saltos de tijera? ¿Por qué tuve que descubrir por *accidente* un estupendo ejercicio de afrontamiento como el de tumbarse en el suelo para tomar tierra? ¿Por qué me avergonzaba de esto? ¿Y por qué no enseñamos este tipo de técnicas en las aulas?

No hay nada malo en ti. Lo que falla es nuestra concepción del trauma y de nuestras respuestas naturales.

Descubrí hasta qué punto fallaba esa comprensión cuando cursaba estudios de posgrado. Por aquel entonces, aparte de aprender a afrontar mis propias tragedias, desde las menos importantes hasta las graves, estaba estudiando el trauma y sus efectos como parte de un temario más amplio sobre la psicología de la identidad. Al adentrarme en los entresijos de la historia del estudio del trauma, enseguida descubrí que el campo de la psicología no acaba de ponerse de acuerdo sobre qué tipos de acontecimientos cuentan como traumáticos y cuáles no. No me extrañaba haber llegado a los veinticinco años sin contar con ningún mecanismo de afrontamiento. El campo de la psicología ni siquiera era capaz de ponerse de acuerdo en qué es el trauma, y mucho menos en cómo se puede afrontar y sanar tras la respuesta traumática.

Lo que empezó como un estudio sobre la identidad terminó convirtiéndose en una tesis doctoral interdisciplinar sobre la psicología y la neurobiología de la respuesta al trauma. Sin embargo, no quería que todos esos conocimientos se quedaran en la torre de marfil académica. Así que, mientras preparaba la tesis, me certifiqué como *coach* de vida y empecé a ejercer a tiempo parcial. Quería contar al mayor número de personas posible lo que no te enseñaban en una sesión de terapia tradicional: que, cuando lo que sentimos es tan abrumador que nos sobrepasa, el cerebro y el cuerpo entero reaccionan por su cuenta para mantenernos vivos. Que nadie tiene por qué avergonzarse de estar traumatizado. Que los síntomas que padecemos tienen explicación y es posible superarlos. Que existen herramientas que podemos utilizar para averiguar cómo contrarrestar juntos esos síntomas.

Me sentía obligada a ayudar a quienes se enfrentaban a las mismas dificultades que yo.

En los últimos diez años, he trabajado como *coach* con *muchos* tipos de personas: excombatientes del ejército; personal de primeros auxilios; médicos de urgencias y de la unidad de cuidados intensivos (UCI); víctimas de agresiones sexuales, incesto, abuso y abandono infantil; reclusos; miembros de bandas criminales; individuos que perdieron a un ser querido por asesinato; enfermos terminales o con dolor crónico; gente que intenta gestionar un duelo complicado o se enfrenta a dificultades tras una ruptura, un divorcio, una transición profesional o una pérdida traumática... Pese a que sus historias son de lo más variado que puedas imaginar, lo que todas estas personas tienen en común es el anhelo desesperado de aprender a volver a casa, a sus cuerpos, a sus relaciones y a su mundo, después de que este se haya venido abajo.

Me propongo dos objetivos con este libro. El primero es desmontar tus creencias sobre el trauma y cambiarlas por lo que *sabemos* que es cierto tras ciento cincuenta años de estudio. Como explico en el capítulo uno, tenemos conocimientos e investigaciones que demuestran que nuestra comprensión anterior del trauma, y gran parte de la actual, es profundamente errónea. La comunidad psicológica —y, por tanto, la sociedad— solía pensar que la respuesta al trauma era una señal de enfermedad, debilidad y disfunción. Ahora *sabemos* que es la respuesta natural del cuerpo a la amenaza, es decir, un signo de correcto funcionamiento y fortaleza. Del capítulo dos al capítulo siete examinaremos más detenidamente ciertas facetas de la respuesta al trauma que con demasiada frecuencia se pasan por alto o se malinterpretan. Si has experimentado acontecimientos traumáticos en tu propia vida, identificarte con las historias de mis clientes te ayudará a reconocer el trauma y a asimilarlo sin avergonzarte.

El segundo objetivo es armarte con herramientas de afrontamiento basadas en conocimientos científicos que te ayuden a lidiar con lo que las experiencias traumáticas dejan a su paso. Quiero que dispongas de toda una caja de herramientas de afrontamiento, no solo dos. Y quiero que sepas cómo y cuándo utilizarlas. Puedes ir a la tienda y comprarte unas herramientas de primera calidad, pero si no sabes cómo utilizarlas, no serás capaz de construir absolutamente nada. Encontrarás estas herramientas al final de los capítulos mencionados.

Cuando se trata de superar una experiencia traumática y enfrentarse a los síntomas persistentes de la respuesta al trauma, el progreso no consiste en dejar de tener necesidades, sino en aprender a reconocerlas sin reservas y a satisfacerlas plenamente. Uno de los mejores rasgos de los seres humanos es que somos maleables. Nos adaptamos de forma natural. Lo que a veces olvidamos es que esto significa que también podemos *readaptarnos*. Cuando nuestros mecanismos de afrontamiento dejan de ser saludables o ya no nos sirven, podemos elegir otros. Pero para hacerlo, debemos estar dispuestos a reconocer nuestras necesidades cambiantes y preparados para satisfacerlas. Solo cuando saquemos a la luz nuestros síntomas y comportamientos, sin avergonzarnos, podremos *hacer* algo al respecto.

Si estás sufriendo las secuelas de un trauma, este libro te ayudará a superar la vergüenza para que puedas comprender y emplear a tu favor tu extraordinaria neurobiología, la misma que te mantuvo con vida, pero que ahora se interpone en tu camino. También te enseñará a trabajar con tus respuestas biológicas automáticas para que puedas controlar mejor tu cuerpo y tu vida.

Si estás intentando ayudar a alguien en su lucha contra las secuelas del trauma, este libro te servirá para comprenderlo mejor. Así te anticiparás a sus respuestas al trauma, sin tomártelas como algo personal, y lo ayudarás a desenvolverse de una manera más llevadera y con una mayor conexión.

Sea cual sea tu caso, espero que, por encima de todo, comprendas que sufrir un trauma no nos destroza. Eso no es más que un mito, una falacia. La idea de que pasar por una experiencia traumática nos destruye está asociada con la vergüenza y carece por completo de fundamento científico. Lo que ponen de manifiesto nuestras experiencias traumáticas es, precisamente, que se nos puede herir, maltratar o doblegar, pero *no se nos puede* destruir. Que, de hecho, somos *indestructibles*.

CAPÍTULO 1

Es hora de revisar nuestro conocimiento del trauma

Pasar de la vergüenza a la ciencia

Ningún trauma tiene límites precisos. El trauma sangra.
Supura de las heridas y trasciende las barreras.

Leslie Jamison

Para empezar, olvídate de todo lo que crees saber sobre el trauma. Porque la mayor parte procede de definiciones anticuadas, de una comprensión social deficiente y de conocimientos científicos que las nuevas tecnologías han dejado obsoletos. Con excesiva frecuencia solemos plantearnos el trauma en términos de lo que ha ocurrido: un atentado, una catástrofe natural, un accidente o una enfermedad graves, una guerra o una pérdida.

¿Qué pasaría si, en lugar de eso, pensáramos en el trauma en términos de la *reacción* que provoca una experiencia?

Algo es potencialmente traumático cuando sobrecarga el sistema nervioso lo suficiente como para poner en marcha nuestros mecanismos de afrontamiento de emergencia. Estos mecanismos están diseñados para salvarnos la vida, y cumplen su cometido. Sin embargo, para hacerlo, extraen energía y recursos de otros sistemas, entre ellos los que nos ayudan a orientarnos en el mundo y a organizar nuestros recuerdos.

La mayoría de las veces, cuando se activan los mecanismos de emergencia, vuelven a desactivarse con bastante rapidez y el sistema nervioso recupera su funcionamiento normal. No obstante, en ocasiones nos cuesta encontrar el interruptor de apagado, y el sistema de emergencia permanece encendido. Los sistemas de emergencia activados crónicamente nos engañan haciéndonos creer que estamos en peligro constantemente, y lo que era un incidente aislado se convierte en un bucle de retroalimentación interminable. Nuestro sistema nervioso empieza a percibir casi todo como peligro, y esto hace que cambie de manera radical cómo nos sentimos en nuestro cuerpo y en el mundo.

Cuando esto ocurre, necesitamos que alguien nos brinde un refugio seguro en el que podamos reflexionar y sentir, y así nos ayude a reeducar nuestro sistema para que vuelva a desconectarse. En el caso de que contar con esta ayuda no sea posible (o simplemente, no se dé en el momento), lo que solo era potencialmente traumático pasa a convertirse en un *trauma duradero*.

Suena bastante sencillo y lógico, ¿verdad? Para evitar que una experiencia potencialmente traumática se convierta en un trauma duradero, solo tenemos que encontrar a una persona (o a más de una) que nos ayude a sobrellevarlo a corto plazo y a reajustar nuestro «sistema» a largo plazo. Entonces, ¿qué impide que eso ocurra?

Podría haber múltiples causas que nos afecten de manera individual, pero como investigadora especializada en trauma, puedo señalar una gran razón que afecta a toda la población: la vergüenza.

La sociedad nos ha inculcado una tremenda mentira que afirma que deberíamos avergonzarnos por sufrir después de haber vivido una experiencia traumática. Nos han enseñado que ese sufrimiento es algo que hay que mantener en secreto. Ya que, al fin y al cabo, se trata de un signo de debilidad, que pone de manifiesto un grave defecto de la personalidad para el que no hay solución. Por un lado está el trauma, y por otro, la forma en que respondes al trauma, y si no respondes con el tipo de resiliencia automática, airosa y sin esfuerzo que hace que los demás se sientan cómodos en tu presencia, has fallado. *Eres* un fracaso.

Por desgracia, esta patraña viene de muy atrás y está arraigada en la forma en que se ha desarrollado el estudio del trauma a lo largo de la historia de la psicología clínica.

LA HISTORIA DEL ESTUDIO DEL TRAUMA

La historia del estudio del trauma puede dividirse en cinco fases, en una de las cuales nos encontramos ahora. Prometo no aburrirte con detalles históricos innecesarios, pero algunos momentos clave reflejan cómo entendemos y vemos hoy el trauma en algunos aspectos importantes. Si repasamos lo que sabemos hasta ahora sobre el estudio del trauma, entenderemos cómo ha moldeado de forma perjudicial nuestra comprensión actual. Conocer esto es fundamental a la hora de evaluar y actualizar cómo entendemos hoy en día el trauma.

Primera fase

La primera fase comenzó en el antiguo Egipto. Más adelante, siguiendo la misma línea, los síntomas depresivos junto con episodios físicos desconcertantes en las mujeres, en la Grecia clásica, se denominaban «histeria» y se creía que eran el resultado de un «útero errante». Se diseñaron métodos curativos para «devolver» el útero a su sitio. Hipócrates, a quien quizá conozcas como el padre de la medicina y de cuyo nombre procede la expresión *juramento hipocrático*, creía que los síntomas histéricos como la ansiedad, los temblores, las convulsiones y la parálisis podían atribuirse a la inactividad sexual. La cura, por tanto, era la actividad sexual, que se creía que devolvía la salud al útero y, por tanto, a la mujer.

Aunque esto nos podría parecer absurdo, conviene recordar que, a falta de una tecnología médica como la que tenemos en la actualidad, los diagnósticos y tratamientos en el mundo antiguo se basaban casi exclusivamente en hipótesis. Además, aunque la idea sobre los orígenes de la histeria resultó ser errónea, los antiguos egipcios tenían razón en muchas otras cosas. Pese a carecer de tecnología, eran capaces de tratar con éxito las fracturas óseas, los problemas dentales y numerosos dolores y enfermedades.

Culturas posteriores debatieron sobre si la abstinencia o una mayor actividad sexual era la mejor cura; sin embargo, la idea de que el conjunto de síntomas se originaba en la disfunción de los órganos reproductores femeninos permaneció vigente durante mucho tiempo.

La comunidad psiquiátrica fracasó sistemáticamente a la hora de encontrar un tratamiento sostenible y satisfactorio para la histeria. Llegó a considerarse la enfermedad mental más difícil de tratar, y se relegó a las mujeres que la padecían a manicomios donde fueron objeto de abandono o sometidas a tortuosos métodos experimentales.

Segunda fase

La segunda fase crítica en la historia del estudio del trauma tuvo lugar en Europa occidental a finales del siglo XIX, cuando un grupo de influyentes psicólogos se interesó por la cuestión irresoluble de la mujer histérica. Jean-Martin Charcot, Sigmund Freud, Josef Breuer y Pierre Janet pasaban la mayor parte del tiempo con sus pacientes histéricas y juntos realizaron algunos de los primeros avances en la comprensión de sus trastornos.

A mediados de la década de 1860, Charcot llamó la atención sobre el problema con sus famosas «conferencias de los martes por la noche». Estas conferencias atraían a multitudes que acudían a ver a mujeres histéricas «representar» sus síntomas en el escenario.

En 1895, cuando Freud y Breuer publicaron su obra *Estudios sobre la histeria*, plantearon la teoría de que la causa de la histeria era un trauma pasado. Aunque ambos son figuras controvertidas en la historia de la psicología, los avances que lograron en su estudio del trauma siguen determinando la forma en que lo entendemos hoy en día. De un modo totalmente accidental, Freud y Breuer descubrieron que los síntomas intratables de sus pacientes siempre se remontaba a un acontecimiento precipitante demasiado abrumador a nivel emocional para procesarlo en el momento. Sostenían que la incapacidad de asimilar un acontecimiento perturbador debido a una respuesta emocional extrema hacía que de algún modo este se quedara atrapado en la psique y provocara síntomas crónicos. Pensaban que si podían ayudar a sus pacientes a asimilar el acontecimiento inicial y tolerar algunas de las emociones insoportables, los síntomas cesarían. Tal vez ahora demos por sentada esta idea, pero en aquella época, la teoría de que algún tipo de acontecimiento podía desestabilizar el sistema de registro y procesamiento del cerebro y provocar problemas crónicos de salud mental era totalmente innovadora.

Janet llegó a la misma conclusión mientras trabajaba al margen de Freud y Breuer. Fue el primero en conectar la teoría de la disociación con los recuerdos traumáticos. Esta conexión explicaba por qué las pacientes histéricas experimentaban a menudo un estado alterado de conciencia que las hacía sentir como si estuvieran «idas». Al igual que Freud y Breuer, Janet supuso que las emociones intensas afectaban a la capacidad de la mente para asimilar un acontecimiento y la llevaban a crear un tipo diferente de recuerdo, somático (corporal) en lugar de cognitivo (mental), que se manifestaba en sueños, estados de hiperactividad y *flashbacks*.

Si la historia del estudio del trauma hubiera seguido avanzando tan fructíferamente como empezó a finales del siglo XIX, no se sabe hasta dónde podría haber llegado hoy en día. Por desgracia, se detuvo casi tan pronto como empezó.

El trabajo de Charcot comenzó a ser cuestionado cuando se sugirió que los sujetos de sus conferencias de los martes por la noche actuaban, en lugar de experimentar verdaderos síntomas histéricos. Janet y Freud se enzarzaron en una disputa cuando el primero acusó al segundo de plagiar su trabajo sobre la histeria. En respuesta, Janet desvió su atención hacia el desarrollo de una teoría más completa de la mente. Mientras tanto, Freud y Breuer abandonaron a sus pacientes a mitad del tratamiento y repudiaron su propio trabajo, no porque su teoría fuera errónea, sino porque era correcta. Empezaron a darse cuenta de que todas sus pacientes se enfrentaban a un trauma provocado por el mismo estresor traumático: el abuso sexual. El problema era que muchas de sus pacientes eran hijas de amigos íntimos que eran miembros estimados de la sociedad. Tener que enfrentarse a lo que parecía una epidemia de agresiones sexuales entre sus iguales y superiores era algo que Freud y Breuer no estaban dispuestos a asumir. Era mucho más fácil abandonar su teoría y a sus pacientes que defenderlas.

Sin embargo, no abandonaron su método. Algunas de las ideas centrales de *Estudios sobre la histeria* —«la cura por la palabra» es el ejemplo más notable— siguen siendo pilares de su obra posterior y de la teoría y la práctica psicoanalíticas actuales.

Pese a que Charcot, Freud, Breuer y Janet entendieron que la histeria podía no tener su origen en el útero ni estar relacionada con la falta o el exceso de actividad sexual, se seguía considerando un trastorno que afectaba exclusivamente a las mujeres. Así pues, fue durante esta fase cuando la palabra *trauma* se relacionó por primera vez con los términos *debilidad* o *disfunción* y las nociones que conllevan. Traumatizarse equivalía a ser débil y femenino, una víctima. Como veremos, la noción de que el trauma solo afecta a las mujeres y a los hombres débiles es socialmente problemática y estigmatizante. Y la idea de que el trauma es un signo de debilidad es errónea desde el punto de vista científico y neurobiológico.

Tercera fase

La tercera fase crítica se produjo cuando el campo de la psicología tuvo que aceptar finalmente que el trauma afectaba tanto a los hombres como a las mujeres. Esto ocurrió tras la Primera Guerra Mundial, cuando los soldados que regresaban a casa empezaron a mostrar síntomas de histeria a pesar de su indiscutible falta de útero. Estos soldados, aquejados de episodios de alteración de la consciencia, arrebatos emocionales, parálisis, amnesia y mutismo, obligaron a que se volviera a hablar de estos síntomas en el panorama psicológico. Había demasiados soldados que sufrían como para ignorarlos.

Al principio, la teoría era que estos síntomas seguían teniendo una base fisiológica, aunque no en el útero. Esta vez, la hipótesis era que la exposición repetitiva a la explosión de proyectiles causaba conmociones cerebrales, que a su vez provocaban una especie de daño cerebral. De ahí surgió la expresión *neurosis de guerra*:* explosiones aturdidoras igual a conmociones cerebrales igual a neurosis de guerra.

Esta teoría se abandonó rápidamente porque muchos de los soldados con neurosis de guerra *no* habían estado expuestos a la explosión de proyectiles. Como no había una causa fisiológica clara de los síntomas, y no era posible entender por qué algunos combatientes volvían de la guerra alterados y otros no, la culpa se trasladó al *carácter* del soldado que sufría la neurosis.

Sufrir neurosis de guerra equivalía a fracasar. Y este fracaso tenía género: cuando un soldado reaccionaba de manera emocional al combate significaba que no había dado la talla como hombre. Implicaba que era un ser frágil, inútil, débil, culpable, inadecuado e inferior; y todas

---

* N. del T.: *Shell shock* en inglés, es decir, conmoción producida por los obuses; los franceses lo llamaban *obusitis*, mientras que en España se utilizó también la expresión *corazón de soldado*.

estas características estaban asociadas a ser mujer e histérica. Para desempeñar con éxito la labor de soldado había que eludir por completo caer en esto (la mejor opción) o bien curarse, es decir, deshacerse de estos males femeninos y recuperar la fuerza viril original y verdadera. Este prejuicio condujo a tratamientos que utilizaban la humillación y la violencia para sacar a los soldados de su estado «femenino» alterado y convertirlos de nuevo en hombres heroicos.

Aunque estar traumatizado ya no significaba tener un útero errante, en la mayoría de los círculos seguía equivaliendo a debilidad. Esta fase del estudio del trauma decayó, al igual que la primera fase, cuando la teoría psicológica no fue capaz de captar la complejidad de los síntomas.

Cuarta fase

La cuarta fase fundamental en la historia del estudio del trauma se produjo casi cien años después de Freud y compañía. Esta etapa comenzó cuando la comunidad psicológica comprendió por fin que la histeria que asolaba a las mujeres y el trauma de guerra que asolaba a los soldados eran la misma bestia. Esta nueva comprensión se debió a dos acontecimientos que sucedieron de forma independiente, aunque simultánea. En primer lugar, tras la guerra de Vietnam, los investigadores volvieron a estudiar detenidamente el trauma de posguerra en los excombatientes. (A partir de la Primera Guerra Mundial se han producido avances en el estudio del trauma con cada conflicto bélico). En segundo lugar, los estudios sobre las agresiones sexuales, el acoso sexual y la violencia doméstica también aumentaron en las décadas de los años setenta, ochenta y noventa del pasado siglo. Los psicólogos clínicos comprendieron por fin que la experiencia traumática no tenía género y podía afectar al estado mental de *cualquiera*. En otras palabras, el conjunto de síntomas no era exclusivo de las mujeres ni de los soldados. Finalmente, en 1980 se añadió el término *estrés postraumático* (EPT) al *Manual diagnóstico y estadístico de los trastornos mentales*, tercera edición (DSM-III), la enciclopedia de los trastornos mentales de la psicología clínica.

Esta fase se interrumpió a principios de la pasada década de los noventa, cuando una serie de estudios sugirieron que los terapeutas estaban sembrando falsos recuerdos traumáticos en la mente de sus pacientes. Las sospechas arrojadas sobre todo el campo de los estudios del trauma fueron tan graves que en 2009, cuando elegí el trauma como área de investigación para mi doctorado, mis profesores me advirtieron que no estudiara algo que se había demostrado que era falso.

El patrón recurrente

En cada una de estas cuatro fases podemos observar un patrón oscilante: hay una mirada hacia el trauma, un estudio intenso, un nuevo tipo de legitimización y, a continuación, un brusco alejamiento. Este patrón ha sido advertido y lamentado por muchas figuras importantes en la historia del estudio del trauma. Abram Kardiner y

Herbert Spiegel, pioneros de la teoría del trauma tras la Segunda Guerra Mundial, lamentaron que el trauma «no sea objeto de un estudio continuo [...], sino solamente de esfuerzos periódicos que no pueden calificarse de muy diligentes».[1] Judith Herman, teórica feminista del trauma, califica el estudio del trauma de «amnesia episódica».[2] El veterano y periodista de guerra David Morris considera que el mundo de los estudios sobre el trauma es «notablemente caótico», y añade que se parece a «un salón recreativo en una feria estatal [...] con escasa coincidencia entre diversos grupos, y mucho menos coherencia».[3]

No es que el estudio del trauma caiga en desgracia por falta de interés, o que haya periodos de tiempo en los que el trauma no se produzca, sino que, como dice Herman, «el tema provoca una controversia tan intensa que periódicamente se convierte en anatema».[4] La palabra *anatema* tiene sus raíces en los términos griegos utilizados para designar 'un objeto que representa la destrucción'. El propio estudio parece convertirse en una especie de fuerza destructiva, que amenaza lo que creemos sobre nosotros mismos, sobre la sociedad o sobre la forma en que los seres humanos perciben el mundo. Retomamos el estudio del trauma hasta que hacerlo nos obliga a enfrentarnos a aspectos incómodos de nosotros mismos y de nuestro mundo, y entonces nos apartamos. Y cada vez que damos la espalda al examen de la experiencia traumática, relegamos a quienes la padecen a los rincones más oscuros del manicomio; literalmente, en sentido figurado o ambas cosas.

EN QUÉ PUNTO ESTAMOS AHORA

Yo diría que en la actualidad estamos viviendo la quinta fase fundamental en el estudio del trauma. La llegada de la tecnología de imágenes cerebrales, que nos permite ver el flujo sanguíneo hacia distintas estructuras del cerebro en diferentes circunstancias, significa que ya no podemos seguir ignorando cómo las experiencias abrumadoras dejan huella en nuestro sistema nervioso. Además, una serie de acontecimientos —conflictos políticos, la pandemia de coronavirus y un notable aumento del debate público sobre las enfermedades mentales— ha vuelto a situar la idea del trauma en el primer plano de nuestra consciencia colectiva. Hablamos del trauma mucho más que antes. Esto es bueno por muchas razones. Significa que estamos empezando a ver que el trauma es, de hecho, real y legítimo, lo que incrementa las probabilidades de que quienes necesitan ayuda para superarlo puedan obtenerla. Sin embargo, la actual definición clínica consensuada no refleja todos los avances que hemos llevado a cabo en esta fase en los campos de la neurociencia y la psicología. Este es un problema grave, ya que nuestra comprensión social del trauma proviene de la esfera de la psicología clínica.

Cualquiera que busque por Internet las palabras *trauma* o *trastorno de estrés postraumático* (TEPT) obtendrá definiciones del DSM, que ya va por su quinta edición (DSM-V). Estas definiciones determinan la forma en que vemos el trauma y hablamos acerca de él.

Al DSM se lo llama jocosamente la «biblia clínica» porque todo el mundo lo utiliza como referencia y porque, al igual que la Biblia real, la interpretación de su contenido es tema de debate. A veces, estos debates son tan intensos que crean facciones entre las sectas clínicas e impiden a todo el mundo avanzar.

La intención original del DSM era servir de guía de referencia para clínicos e investigadores, de modo que pudieran realizar un seguimiento de los datos y tomar nota de las tendencias. ¿El trastorno depresivo mayor ocurre más frecuentemente en zonas de declive socioeconómico? ¿Da la impresión de que el inicio de la esquizofrenia se produce a una determinada edad? ¿Con qué frecuencia el trastorno de ansiedad generalizada es comórbido con el trastorno por consumo de sustancias?

La razón por la que el DSM se impuso con tanta fuerza es que la taxonomía de los trastornos mentales facilitó a las compañías de seguros médicos decidir a quién cubrir y durante cuánto tiempo. Por ejemplo, una enfermedad mental de base biológica —enraizada en tu naturaleza biológica, como el trastorno bipolar o la esquizofrenia— es algo que la compañía de seguros puede equiparar a una enfermedad física y cubrir en consecuencia. En cambio, un trastorno de la personalidad, que actualmente se cree que se debe en gran medida a tu entorno y no a tu biología, se cubriría de forma diferente (o no se cubriría en absoluto).

El DSM se revisa cada pocos años para tener en cuenta los avances de la investigación. Esto significa que las categorías diagnósticas que contiene son, en cierto modo, un blanco móvil, lo que no hace sino aumentar la complejidad de los diagnósticos.

El DSM está muy extendido, pero no se debate lo suficiente como para comprenderlo o contextualizarlo adecuadamente. El hecho de que gran parte del manual esté disponible gratuitamente en Internet tiene sus ventajas. El acceso a los recursos de salud mental puede ser difícil y caro. Sin embargo, lo que hacemos con ese acceso es importante. Podemos caer en la tentación de diagnosticarnos y diagnosticar a los demás utilizando una herramienta que, en el mejor de los casos, es imperfecta y para cuyo uso no estamos cualificados. El lenguaje clínico puede emplearse para respaldar tendencias sociales. Puedes darte cuenta, por ejemplo, de que de repente todas las personas con las que ha salido tu mejor amiga son «narcisistas» o todas las vecinas de tu madre son «sociópatas». En manos inexpertas el DSM puede ser tan peligroso como una motosierra.

Conocer los rasgos de carácter y los trastornos mentales predominantes es un punto de partida importante para comprenderte a ti mismo y a quienes te rodean; sin embargo, difícilmente basta con eso. Utilizando una metáfora de jardinería, para cultivar un jardín frondoso, puedes empezar por adquirir unos paquetes de semillas, pero también te hará falta saber cuánta agua y luz solar necesitan. Si te limitas a hacerlo a ojo, corres el riesgo de acabar con tus pobres plantas antes incluso de que tengan la oportunidad de echar raíces.

Otra cosa que no contiene el DSM es ninguna información sobre la forma en que los grupos diagnósticos evolucionan con el tiempo y las razones por las que lo hacen. Esta información histórica es especialmente importante a la hora de definir el trauma, porque la definición que todos hemos estado utilizando es en su mayor parte errónea y se ha vuelto profundamente perjudicial, tanto a nivel clínico como social.

Según la definición actual del DSM, para que le diagnostiquen TEPT, un paciente debe haber estado expuesto a un factor estresante traumático. A primera vista, esto tiene sentido. Si alguien no ha pasado por un trauma, las probabilidades de que desarrolle un trastorno relacionado con el trauma son bastante escasas. Sin embargo, esta versión del DSM no dice simplemente que uno debe haber experimentado un trauma, sino que especifica tres situaciones que *cuentan* como traumáticas: muerte real o amenaza de muerte, lesión grave real o amenaza de lesión y violencia sexual real o amenaza de violencia.

Tres situaciones. Solo hay *tres situaciones* que se consideran potencialmente traumáticas.

Tal vez pienses que, en realidad, esto no es un problema, que no es más que el punto de vista del mundo de la psicología clínica. Pues bien, te equivocas por dos razones: en primer lugar, *es* un problema incluso dentro de la psicología clínica. Porque si sufres un trauma que no se ajusta a estos criterios y te encuentras con un profesional que se toma al pie de la letra la definición del DSM (como hacen muchos, aunque no todos), recibirás un diagnóstico y se te tratará por algo distinto del trauma. Y ese tratamiento, el del trauma, podría ayudarte, del mismo modo que un torniquete improvisado puede salvar temporalmente un miembro o incluso la vida.

En segundo lugar, estas categorías clínicas son un problema porque no permanecen aisladas en el mundo clínico. Al final, los debates y las opiniones clínicas se filtran de innumerables maneras en la sociedad a través de los medios de comunicación. Llegan a impregnar la forma en que entendemos el trauma y hablamos de él. Además, aunque nunca hayas visto que se mencione el TEPT o el trauma en las noticias o en las redes sociales, el DSM con este conjunto de criterios —esta lista de tres situaciones que pueden ser potencialmente traumáticas— es lo primero que aparece cuando haces una búsqueda en Internet y escribes «TEPT».

Y estas son solo las formas más directas en que podemos ver el solapamiento entre el mundo de la psicología clínica y la sociedad en general.

La razón por la que la lista no se ha ampliado más es debido a una preocupación muy real y válida: si ampliamos en exceso la definición, corremos el riesgo de expandir el significado de la palabra *trauma* hasta que pierda por completo su sentido. Si *cualquier cosa* puede ser potencialmente traumatizante, el trauma se convertirá sencillamente en un aspecto trivial de la vida humana, que ya no merece ninguna investigación o estudio. Se trata de un verdadero riesgo.

Una vez oí a una chica en Starbucks lamentarse de que se había agotado el sirope de especias de calabaza y que eso era (inserta un acento de pija) «o sea..., profundamente *traumático*». Mis alumnos me han comentado, sonriendo, que se sentían «traumatizados» por los exámenes de Química y por la mala comida de la cafetería. Una vez, en una fiesta, tras enterarse de que me gano la vida investigando sobre el trauma, un hombre me contó que su mujer no lo llamó por su apelativo cariñoso al tratar de prevenirle en una situación peligrosa, y que él se vengó con cuatro días de silencio. Era evidente que quería obtener mi aprobación. Con los ojos muy abiertos y rebosante de falsa vulnerabilidad, me explicó: «Es como si se hubiera *olvidado* de que *prefiero* mi nombre cariñoso, ¿sabes? Eso es un *trauma*, ¿verdad?».

Pues va a ser que no, *cielito*.

Torcer y estirar el lenguaje del trauma para satisfacer nuestros deseos —para legitimar y justificar nuestro mal comportamiento, para ocultarnos tras esta palabra— no sirve de nada. Tenemos que encontrar una definición que dé cuenta de las muchas situaciones que pueden ser potencialmente traumáticas sin correr el riesgo de diluirse en el sinsentido.

¿Cómo podríamos hacerlo? Tengo una idea, y volveremos a ella en el capítulo ocho. Pero hay algo que debes saber ahora mismo: aunque en el ámbito de la psicología exista un debate sobre la definición clínica de trauma, en tu cuerpo, tu mente y tus emociones las cosas están claras. Si estás sufriendo una respuesta traumática, significa que te ha ocurrido alguna experiencia traumática, independientemente de lo que digan el DSM, los clínicos, las compañías de seguros o la sociedad. Tu cuerpo, tu mente y tus emociones te están diciendo que hay algo que debes atender. Lo que hemos pasado por alto (y lo que la historia del estudio del trauma ha ocultado en cierto sentido) es el hecho de que el sistema de respuesta al trauma es una parte esencial de nuestra biología.

LA NEUROBIOLOGÍA DE LA RESPUESTA AL TRAUMA: INTRODUCCIÓN

Uno de los factores que hacen que la experiencia del trauma sea tan duradera, devastadora y perturbadora es la vergüenza que se asocia erróneamente a la estela que el trauma deja a su paso. La idea de que el sufrimiento tras un trauma es vergonzoso se basa en un fundamento científico erróneo y en la creencia de que las emociones están separadas de la biología. No es así. Uno de los regalos que ofrece la quinta fase de la historia del estudio del trauma es el reconocimiento de que las emociones son acontecimientos biológicos y, por tanto, la plétora de síntomas que componen el TEPT son tan reales y están tan arraigados en el cuerpo como un hueso fracturado.

Del capítulo dos al capítulo siete te explicaré, utilizando casos de estudio, cómo funciona la respuesta al trauma en nuestra biología, así que empezaré con una introducción sobre el cerebro. Para demostrarte que las experiencias traumáticas afectan a nuestro cerebro y al resto de nuestro cuerpo, es necesario que antes entiendas, desde una perspectiva sencilla, *algunos* de los elementos que intervienen.

Cabe señalar que la neurociencia es un campo de estudio increíblemente complejo que avanza a un ritmo vertiginoso y que la investigación evoluciona a diario. Lo que expongo aquí no refleja todo lo que sabemos ni el tipo de debates que existen en torno a algunos de estos conceptos. Así que, si eres neurocientífico, ten en cuenta que sé que todo esto es mucho más complicado, y quizá deberías pasar al capítulo dos.

Para comprender la respuesta al trauma, necesitamos conocer cinco partes del cerebro y del resto del organismo:

- El córtex prefrontal.
- La amígdala.
- El hipocampo.
- El hipotálamo.
- Los sistemas nerviosos simpático y parasimpático.

Para mí el córtex prefrontal es como el asistente ejecutivo del cerebro. Me imagino a Pepper Potts,[*] de

---

[*] N. del T.: Virginia «Pepper» Potts es la pareja, meticulosa y perfeccionista, de *Iron Man*, un personaje ficticio de Marvel Comics. En el cine está interpretada por Gwyneth Paltrow.

Iron Man: sensata y astuta, que muchas veces resuelve los problemas con una respuesta prudente y meditada a ideas más impulsivas y, a veces, descabelladas. El córtex prefrontal se encuentra en la parte frontal del cerebro, detrás de los ojos. Es una parte sumamente inteligente y organizada. Supervisa aspectos como el pensamiento racional, la toma de decisiones, la memoria de trabajo o memoria operativa (que es la memoria necesaria para realizar tareas en el momento, como preparar un plato a partir de un libro de cocina) y el reconocimiento y procesamiento del lenguaje. Las conexiones neuronales con esta parte del cerebro son las últimas en desarrollarse, por lo que los bebés y los niños pequeños no tienen aún total acceso a ella.

La amígdala está situada en el centro del cerebro y es un poco más grande que una nuez. Es fundamental para la regulación de las emociones, el comportamiento emocional y las motivaciones. Aunque la neurobiología de las emociones es mucho más complicada de lo que podemos tratar aquí, lo más importante es que comprendamos que la amígdala registra los sentimientos de miedo y amenaza. Cuando los animales o los seres humanos no tienen acceso a ella, no pueden sentir miedo. Para hacerte una idea de cómo es, imagínatela como una alarma de humo en el techo de tu cocina. Su función principal es alertarte cuando estás en peligro. Esta parte del cerebro se desarrolla pronto y no es muy sofisticada. La amígdala simplemente registra una amenaza, y si el córtex prefrontal está activo, estas dos partes del cerebro juntas pueden decidir si la amenaza es real o percibida.

El hipocampo está situado en la parte posterior del cerebro y es necesario para la formación y el almacenamiento a largo plazo de los recuerdos. Sin él, el aprendizaje y la memoria son imposibles. Me imagino el hipocampo como una sala de archivos. Tiene archivadores bien organizados que ordenan nuestros recuerdos a largo plazo en carpetas. Cada carpeta de recuerdos tiene tres componentes: una narración del acontecimiento, un contenido emocional relacionado con este y un conjunto de significados (cronológico, personal, emocional). Este sistema de archivo permite acceder a los recuerdos, hablar de ellos y sentir parte del contenido emocional, y luego guardarlos con relativa facilidad.

El hipotálamo está directamente sobre el tronco encefálico y supervisa el envío de mensajes entre el cerebro y el resto del cuerpo a través del sistema nervioso autónomo (SNA). Puedes imaginarte el SNA como una marioneta y el hipotálamo como el titiritero que mueve los hilos. Estos hilos están conectados a todas las funciones involuntarias de tu cuerpo, como la frecuencia cardiaca, la digestión, la frecuencia respiratoria y la tensión arterial. El funcionamiento del hipotálamo es complejo, pero lo principal que hay que entender sobre él es lo siguiente: su misión es mantenerte con vida y, para conseguirlo, altera tu funcionamiento en presencia o ausencia de amenaza.

Para llegar a entender bien lo que hace el hipotálamo, tenemos que examinar una pequeña parte del sistema nervioso. Piensa que el sistema nervioso es como un panel de control que ayuda a los distintos sistemas y partes de tu cuerpo a comunicarse. El SNA es la parte del panel de control responsable del funcionamiento de tus órganos internos. Regula la tensión arterial, la frecuencia cardiaca y otros procesos involuntarios, aumentando o disminuyendo su intensidad, alternando entre las ramas simpática y parasimpática, que el hipotálamo activa y desactiva. En presencia de una amenaza, el hipotálamo acciona un interruptor, y el sistema nervioso simpático se activa, con lo que aumenta nuestra tensión arterial, así como la frecuencia cardiaca y respiratoria, entre otras cosas. Cuando la amenaza disminuye, el hipotálamo vuelve a accionar el interruptor y el sistema nervioso parasimpático lo ralentiza todo: baja la tensión arterial, disminuye la frecuencia cardiaca y se ralentiza la respiración.

Si tu cerebro fuera un videojuego, su objetivo sería la homeostasis. Esto solo significa que habría un flujo sanguíneo y una actividad eléctrica iguales en todo el córtex (la capa externa del cerebro con todos esos pliegues grises de aspecto espeluznante). Cuando esto ocurre, todos los sistemas están activos y reciben la cantidad adecuada de energía para funcionar bien. El cerebro está recibiendo constantemente datos del mundo exterior y del interior del cuerpo, y se sirve de ellos para regular el flujo sanguíneo y la actividad eléctrica. Cuando se produce un acontecimiento extraordinariamente abrumador, tu cerebro pasa por una serie de respuestas automáticas para asegurarse de mantenerte con vida. Pone en marcha los mecanismos de lucha, huida o parálisis para ayudarte a sobrevivir a los momentos de estrés y peligro extremos. Cuando te ves acorralado, pero sientes que puedes enfrentarte al enemigo, luchas. Cuando te persigue algo contra lo que no puedes luchar, huyes. Cuando estás atrapado en una situación en la que no puedes ni luchar ni huir, te paralizas.

Estos mecanismos son evolutivos y biológicos. Podríamos considerarlos como una especie de salvavidas. Están arraigados en nuestra voluntad de *sobrevivir*, de hacer frente a la situación y de adaptarnos a un mundo sobre el que no siempre tenemos el control. A veces también es difícil recuperar el control sobre estos mecanismos y pueden llegar a crear síntomas duraderos y paralizantes. Pero el objetivo de todos estos síntomas no es otro que *salvarnos* cuando las circunstancias nos sobrepasan. Una vez que comprendemos esto, podemos ver cómo avergonzarse de la respuesta al trauma no está justificado ni nos ayuda en lo más mínimo.

LIBÉRATE DE LA VERGÜENZA

Cuando vivimos un acontecimiento traumático se pone en marcha un proceso biológico que se activa *cada vez* que recordamos esta experiencia. No es posible sanar sin comprender este guion biológico básico, porque cuando sabes que algo forma parte de tu biología, te cuesta más sentir la emoción tóxica de la vergüenza. Si, por ejemplo, tuvieras un fuerte dolor de cabeza en medio de una cita, podrías sentirte *muy* irritado, contrariado e incluso apocado. Tal vez te preguntaras si, al mostrar tu fragilidad física a alguien que apenas conoces, le estarías dando la impresión de que eres una persona demasiado complicada. Y eso no es agradable, pero tampoco es el fin del mundo. En algún momento, incluso en medio de toda tu preocupación, entenderías que las migrañas no son más que una manifestación de tu neurobiología.

La forma en que asimilamos los acontecimientos traumáticos abrumadores y respondemos a ellos también forma parte de nuestra neurobiología, no es un defecto de esta. El hecho de que podamos responder a la conmoción de los acontecimientos traumáticos del modo en que lo hacemos es milagroso, nos salva la vida y es una prueba de fortaleza y adaptabilidad, no un signo de debilidad.

Por favor, tenlo presente, porque es muy importante. *La respuesta al trauma proviene de la fuerza, no de la debilidad.*

La respuesta al trauma es lo que nos mantiene vivos. Sin ella no existiríamos. Está arraigada en la fuerza y en el impulso humano de sobrevivir. Por eso, cuando nos avergonzamos de nosotros mismos y de los demás por sufrir a causa de ella, en realidad, nos estamos avergonzando de ser humanos. El trauma se ha ligado a la vergüenza, y la vergüenza, que se propaga con facilidad *y* además es muy contagiosa, debe evitarse a toda costa. Así que, en lugar de enseñar a la gente a enfrentarse a las experiencias traumáticas, nos empeñamos en pensar que es posible evitarlas o salir indemne de ellas. No enseñamos estrategias de afrontamiento porque consideramos la salud mental como la norma, y la enfermedad mental como una aberración, como si nuestra respuesta a una experiencia traumática fuera una especie de defecto moral. Esa vergüenza dificulta enormemente el enfrentarse a las secuelas de la respuesta traumática, algo que sin duda puede ser complicado. Así interferimos, una y otra y otra vez, en el proceso.

Si somos capaces de asimilar una mínima parte de la estructura neurobiológica que explica nuestra respuesta traumática, podremos combatir esta vergüenza, como individuos y como sociedad. Podemos hacer frente a la gran mentira colectiva que afirma que experimentar una respuesta traumática mucho tiempo después de un acontecimiento abrumador es un signo de debilidad, fracaso o disfuncionalidad. Esto es imprescindible, porque nuestra interpretación errada del trauma no es simplemente una interpretación científica errónea, sino que es, precisamente, lo que impide que la gente sane.

CAPÍTULO 2

El club de la lucha de Malcolm

Cuando el trauma trastorna nuestra visión del mundo

Las historias sirven para unir el pasado con el futuro. Las historias son para esas altas horas de la noche en las que no puedes recordar cómo has llegado desde donde estabas hasta donde te encuentras ahora. Las historias son para la eternidad, cuando la memoria se borra, cuando no hay nada que recordar excepto la historia.

Tim O'Brien

La iluminación de la habitación de Malcolm es tan tenue que parece que estoy entrevistando a alguien en un programa de protección de testigos.

Durante nuestra videollamada, me pregunta tres o cuatro veces si esta sesión es *del todo* confidencial. Luego lo vuelve a comprobar por correo electrónico una semana más tarde.

Malcolm habla de forma entrecortada y rápida cuando me explica que ha acudido a mí porque le dijeron que podría ayudarlo a superar un trauma de combate. Me asegura que está bien, que de verdad se encuentra bien, que lo tiene todo controlado. Que, en realidad, no ha sido un problema en absoluto. Sin embargo, ahora su mujer acaba de dejarlo y ve todo el asunto de una manera muy distinta.

Empiezo a preguntarme si esas palabras tranquilizadoras son para él o para mí, porque todas ellas comienzan a desmoronarse en el momento en que salen de su boca.

Malcolm sobrevivió a varias movilizaciones durante las largas guerras de Irak y Afganistán, pero ahora su carrera militar ha terminado, y le han quedado secuelas. En unos veinte minutos, ha enumerado una lista de experiencias que te revolverían el estómago. Noto cómo se va agitando a medida que pasan los minutos. La lista se ve interrumpida por más garantías desesperadas de que ya no tiene problemas. Ha dejado de tener esas pesadillas. Solo recorre los alrededores de su casa por la noche. Ya no piensa en suicidarse. «Esto está mejor. ¿No crees? Estoy bien. ¿Te das cuenta? Estoy bien. No pasa nada. ¿De qué hablábamos?».

Creo que los mensajes tranquilizadores son para los dos. Lo que Malcolm está afrontando parece mucho más grande que nosotros dos, da la impresión de que nos supera. Lo que la guerra le ha desvelado son una serie de verdades esenciales sobre la vida y la existencia humana en las que la mayoría procuramos no pensar nunca: que la vida es aterradora. Que somos vulnerables. Que nuestras estructuras morales son artificiales, no naturales. Y a veces se desmoronan.

Malcolm me cuenta que llegó a estar más cerca de la gente de su batallón de lo que había creído posible. Y luego los vio morir, uno a uno, a menudo de formas que harían apartar la mirada a Quentin Tarantino. El hecho de haber sobrevivido no tiene ningún sentido para él. Claro, es un buen tipo. Pero ellos también eran buenos. Todos estaban «haciendo lo correcto en una situación difícil», prosigue. La mayoría de la gente no tiene ni idea de lo que es «hacer lo correcto en una situación difícil». Esa es la única frase que pronuncia que suena realmente como suya. El resto de sus palabras parecen prestadas, impostadas.

Malcolm había pasado por muchas de las experiencias dolorosas que cabría esperar: recuerdos traumáticos que a veces le hacían enfurecerse con los miembros de su familia, borracheras tan tremendas que no podía recordar meses enteros y un estado de hipervigilancia que le impedía estarse quieto o dormir. Una vez arrancó parte de la cerca blanca de su casa con las manos en mitad de la noche porque le parecía ridícula. No era lo bastante protectora. «Qué asco de valla –dice–. ¿Te lo puedes creer? ¡Vaya mierda de sueño americano! ¡Vaya puta mierda!».

Aunque algunas de estas vivencias resultaban desgarradoras, a su mujer no le suponían ningún problema. Con lo único que no podía era con el club de la lucha. Malcolm no era capaz de renunciar a esto. Y ella no podía seguir curando las nuevas heridas que él juraba que lo estaban curando.

Si al llegar a la frase *club de la lucha* pensaste en aquella película con Brad Pitt y Edward Norton, has acertado. Un par de noches a la semana, Malcolm y un grupo de hombres adultos, en su mayoría veteranos de combate, se reunían en un lugar secreto y se peleaban hasta que alguien caía inconsciente. Malcolm se golpeaba a sí mismo (en realidad eran otros los que le daban palizas, pero a petición suya). Aunque había vuelto a casa, seguía en guerra: consigo mismo, con su mujer y con desconocidos. Estaba traumatizado y herido moralmente.

EL TRAUMA COMO LESIÓN MORAL

Después de la guerra de Vietnam, los psicólogos empezaron a darse cuenta de que habían pasado por alto parte de lo que significa sufrir un trauma después de la guerra. No solo la experiencia de la guerra —tanto ver atrocidades como participar en ellas— era abrumadora, sino que la de la supervivencia también podía serlo. Así que, en 1980, la Asociación Estadounidense de Psicología añadió una cláusula a la entrada del DSM para el TEPT, que especificaba que los síntomas del trauma podían incluir «culpa por haber sobrevivido mientras otros no lo habían hecho o por el comportamiento necesario para la supervivencia».[1] La cláusula desapareció en la siguiente reescritura del DSM, por lo que, para sustituirla, los clínicos han empezado a utilizar la expresión *lesión moral*.

La idea de la lesión moral es que una parte fundamental del trauma consiste en sentirse perseguido por la sensación de que *has fracasado* moralmente o tu estructura moral *te ha fallado*.

Este segundo significado —la idea de que tu estructura moral te ha fallado— se aplica a cualquier tipo de experiencia traumática. De hecho, es una parte esencial de la herida del trauma. Plantéatelo así: sean cuales sean tus creencias y tu vida espiritual, todos tenemos una serie de ideas acerca de cómo funcionan las cosas. Estas suposiciones van de lo mundano a lo trascendente y nos ayudan a ordenar nuestro universo y a movernos por él para que nos parezca menos caótico. Forman parte de nuestro mapa del mundo. Por ejemplo: el martes viene después del lunes. En Estados Unidos, el impuesto sobre la renta vence el 15 de abril. Fumar es malo para la salud. Las cosas malas solo les ocurren a las personas malas. Todo el mundo recibe lo que le corresponde en la vida. Todos acabaremos muriendo.

Tú también actúas según una serie de supuestos que se ajustan a las circunstancias *particulares* de tu vida. El perro siempre vomitará en la alfombra y no en la baldosa. Los basureros vendrán el jueves y harán demasiado ruido para ser las 5:45 de la madrugada. Tu hijo menor siempre será caprichoso. Cuando tu pareja salga de casa por la mañana para ir a trabajar, volverá para la cena.

Estas pequeñas creencias y suposiciones son señales que forman parte de nuestro mapa del mundo. Empezamos a dibujar ese mapa el día que nacemos y lo vamos perfeccionando a medida que avanzamos. Cada vez que aprendemos algo importante –los gatitos pueden arañarte, el fuego quema– ponemos una señal en el mapa. Cuando nuestro mapa es lo bastante grande y tenemos suficientes postes indicadores para navegar por el mundo, lo enmarcamos y lo colocamos en la parcd. Si nos sentimos perdidos, confusos o desorientados, el mapa y las señales que hemos colocado en él nos sirven para orientarnos y hacernos sentir que llevamos las riendas y tenemos los pies en la tierra. Cuando el mundo se ajusta a nuestras expectativas, nos sentimos tranquilos. Hemos colocado las scñales en los lugares adecuados.

Pero cuando el mundo no se ajusta a nuestras expectativas, tenemos un problema. Un día, nuestra pareja se va a trabajar y *no* vuelve para la cena; de hecho, no vuelve jamás. Y nuestro mapa, bellamente enmarcado y dibujado con precisión, se desprende de la pared y se hace pedazos contra el suelo del salón. Nos vemos obligados a hacer frente a la pérdida *y* a nuestro mapa hecho añicos.

Este destrozo es la lesión moral. Cuando las estructuras de la moralidad se hacen añicos ante una experiencia traumática, el mundo deja de tener sentido *por completo*. No se trata únicamente de una creencia, de una señal específica, sino de todo el puñetero mapa. ¿Cómo vas a seguir adelante cuando el mundo te enseña que las cosas malas *no* solo le ocurren a la gente mala?

Aunque la mayor parte del tiempo actuemos de forma inconsciente siguiendo nuestro mapa, en cuanto estas señales se desmoronan, su papel en nuestras vidas se vuelve asombrosamente claro. Dependemos de ellas: nos guían. Estamos perdidos sin ellas. Cuando desaparecen, nos vemos obligados a reconsiderarlas y a crear otras nuevas. Y el trauma suele revelar que la mayoría de estas señales son ficciones. Son ficciones, necesarias para ayudarnos a movernos por el mundo, pero ficciones al fin y al cabo.

Cuando Malcolm me contó, sin inmutarse lo más mínimo, lo del club de la lucha, me quedé estupefacta. Quería asegurarme de que no se me notara. Y también quería asegurarme de que podía ayudarlo a ver lo que estaba haciendo y por qué, y por qué el club de la lucha era tan perturbador para su mujer. Quizá el problema no era que ella no lo entendiera, sino que lo entendía. Yo quería ayudarlo a encontrar otra forma de descargar su adrenalina o de dejar a un lado su vergüenza, o ambas cosas. Desde una perspectiva clínica, hay tres características centrales en la lesión moral. En primer lugar, está la culpa. En el caso de Malcolm, se culpaba a sí mismo por haber sobrevivido. Aunque no había pruebas de que hubiera fallado a ninguno de sus compañeros, a veces se lo preguntaba. Recibir golpes era una forma de absolverse, de dar sentido a su propia supervivencia. Si sobrevivía, pero estaba constantemente magullado, ensangrentado y dolorido, quizá la balanza se equilibrara un poco.

El segundo rasgo clínico de la lesión moral es la incapacidad de confiar en uno mismo o en otras personas. Los investigadores han descubierto que cuando los acontecimientos implican responsabilidad personal, la falta de confianza se dirige hacia uno mismo. Cuando implican a otras personas y su falta de aceptación de la responsabilidad (o la traición a su responsabilidad), la falta de confianza se dirige hacia los demás. Malcolm no confiaba en sí mismo. La supervivencia sin sentido conlleva una carga increíble. «Si yo he sobrevivido y ellos no, ¿significa eso que estoy aquí por alguna razón especial? Si es así, ¿cómo podría averiguar de qué se trata y cumplir con mi cometido? ¿No les debo al menos eso?». Malcolm no podía confiar en sí mismo, por eso se castigaba. Solo que en lugar de utilizar un cilicio, prefería que le patearan la cabeza todos los miércoles por la noche.

El tercer rasgo clínico de la lesión moral es la crisis espiritual/existencial. Este rasgo es quizá el más funesto. Cuando se desgarran las costuras que le dan forma al mundo y todo deja de tener sentido al mismo tiempo, ¿cómo puedes seguir adelante? Si ninguna de las estructuras de significado en las que antes creías se mantiene en pie, todo pierde su sentido. Y, entonces, ¿para qué molestarse? El dolor físico no solo devolvía a Malcolm cierta sensación de orden en el mundo, de causa y efecto, sino que también lo acercaba un poco más a la muerte. Había algo reconfortante en ello. Una parte de él tenía claro que debería estar muerto.

LA HUMILLACIÓN DE LA LESIÓN MORAL

Hay una cuarta característica de la lesión moral que no aparece en la definición clínica: la humillación. Resulta humillante descubrir que el mundo no funciona como tú creías, que llevas la vida entera creyendo falsedades. ¿No deberías haberte dado cuenta antes de ese error? ¿No deberías haber abierto los ojos? Es un poco como andar rápidamente por la cocina y que, con las prisas, se te caiga tu taza favorita y se rompa en mil pedazos. Enseguida te sonrojas con una mezcla de vergüenza y enfado. Deberías haber prestado atención, haber tenido más cuidado.

Solo que, en este caso, Malcolm no entendía por qué no había sido él la taza que se hizo añicos. Además de sentirse culpable por sobrevivir a la guerra cuando otros murieron, no lograba comprender la razón. Si a la gente buena le ocurren cosas buenas, ¿cómo es que murieron sus compañeros soldados, que eran «los mejores de entre los mejores»? Malcolm no solo se enfrentaba a la culpa o la vergüenza que se derivan de algo que has hecho (o dejado de hacer, o que otro ha hecho). Su experiencia en el campo de batalla había puesto en tela de juicio su concepción del mundo. Se machacaba porque este había dejado de tener sentido y, por tanto, era insoportable. También se castigaba porque creía que se lo merecía. Y es que, además de haber sobrevivido y sus amigos no, su mapa del mundo se había hecho pedazos sin que lo viera venir. Debería haberlo sabido. Eso sí que era una *puta humillación*.

Cuando nuestras estructuras de sentido y moralidad se desmoronan, nos sentimos humillados por habernos apoyado en ellas. Esta es una de las razones por las que la vergüenza y el trauma están tan relacionados. Nos avergüenza haber contado con algo, habernos creído una bonita mentira sobre el mundo. Nos sentimos *avergonzados* por haber creído alegremente en nuestros absurdos mapas y en nuestras ridículas señales.

Imagina que dibujas un mapa de la ciudad en la que vives y trazas un camino desde tu casa hasta la tienda de comestibles. Solamente cuentas con tu experiencia vital, pero trazas el camino con confianza, porque has recorrido esa ruta hasta la tienda cientos de veces. Ahora imagina que intentas llegar a la tienda de comestibles utilizando exclusivamente tu mapa trazado con confianza..., y acabas perdido en el bosque en vez de llegar a ella. ¿A quién culparías?

Dile a un veterano de guerra, a una víctima de agresión sexual o de abuso infantil, o a alguien que acaba de sufrir una pérdida traumática, que lo que le ha ocurrido no es culpa suya, y te ignorará o se quedará mirándote fijamente. No es porque no te crean, sino porque no has entendido nada. Parte de lo que se revela en la experiencia traumática es una paradoja del ser humano: *no podemos* predecir lo que ocurrirá y, al mismo tiempo, *debemos* predecirlo para sobrevivir. Lo que nos demuestra una experiencia traumática es que, aunque haya ciertas reglas en el universo y algunas cosas con las que podamos contar, estas reglas las creamos nosotros en su mayor parte. No son infalibles. Somos nosotros los que dibujamos nuestros propios mapas, y a veces están equivocados. No reflejan con exactitud la vida.

La verdad es que a veces nos aferramos a la vergüenza y a la culpa porque la alternativa es *muchísimo peor*. Si te agreden sexualmente y crees que tienes la culpa de lo ocurrido, también creerás que evitar futuras agresiones está bajo tu control. Si fue culpa tuya, podrás evitarlo en el futuro. En cambio, si no lo es, tendrás que aceptar que ser humano implica ser vulnerable al daño. Si no es culpa tuya, tendrás que sustituir esa señal que dice «las cosas malas solo le ocurren a la gente mala» por otra que diga «hay maldad sin sentido en el mundo». Ante la opción de dos píldoras que causan dolor, probablemente elegiremos la menos dolorosa de tragar. La vergüenza, aunque corrosiva, es soportable. La lección de que la vida es aterradora no lo es.

Malcolm participaba en el club de la lucha porque no encontraba una salida para su adrenalina y porque creía que se merecía el dolor y la humillación por lo que hizo y lo que no hizo durante la guerra. Sin embargo, otro de los motivos por los que asistía al club de la lucha es que pensaba que, si entraba en combate a propósito, los ataques no podrían pillarlo desprevenido. Lo que estaba haciendo era anticiparse a futuras humillaciones porque en el pasado no había sido capaz de preverlas.

Poco a poco, Malcolm empezó a desprenderse de todo esto y a curarse de verdad. Se mudó a un apartamento que no tenía vallas. Su mujer no volvió, pero quedaron como buenos amigos. Sabe que ella comprende una parte de él que nadie más podría comprender. En cierto modo, hizo lo correcto en un momento difícil. Ahora está saliendo con otra chica.

Y lo que es más importante, renunció al club de la lucha. Para nuestra última sesión, llamó desde su coche de camino a una clase de *jiu-jitsu*. Habíamos estado intentando idear algunas técnicas de afrontamiento para sustituir a las peligrosas, y se le había ocurrido el *jiu-jitsu*. Y funcionó. Porque la cuestión es la siguiente: la idea de que la vida no tiene sentido es solamente la *mitad* de la historia. No carece de sentido y punto: carece de sentido *a menos que* le asignemos uno. En realidad, el hecho de que no haya verdades ni estructuras morales inherentes en el mundo puede ser fortalecedor en lugar de destructivo. Si las normas no son inherentes, significa que podemos dejar de buscarlas y, en lugar de eso, crear las nuestras.

Que tu mapa se caiga de la pared y se haga añicos no significa que estés condenado a vagar como un alma en pena y sufrir el resto de tu vida. Tan solo significa que tienes que dibujar otro mapa.

CONCLUSIONES Y HERRAMIENTAS

Recordarás del capítulo uno que Freud y Breuer descubrieron lo que llamaron «la cura por la palabra» por pura casualidad, cuando trabajaban con pacientes traumatizados. Descubrieron que hablar de los sucesos —lo que ahora se conoce como *narración*— les permitía a los pacientes replanteárselos y olvidarlos. Aunque disponemos de muchas intervenciones nuevas para curar el trauma, la cura a través del habla ha sido un pilar fundamental de la psicoterapia en general.

La terapia narrativa es un método en el que el paciente y el terapeuta o *coach* colaboran para elaborar un relato rico y vívido de la historia vital del paciente, centrándose en los acontecimientos significativos.

La narrativa es una herramienta poderosa debido a la forma en que está estructurada la psicología humana. Organizamos y comprendemos nuestra vida al plasmarla en forma de relato. Estas historias conforman el tejido de la consciencia personal. Nos ayudan a comprender el mundo y el papel que jugamos en él. En otras palabras, lo relevante no es solamente lo que nos ha ocurrido, sino también las historias que nos contamos y contamos a los demás sobre lo ocurrido.

Esto siempre es cierto. Y es válido para *todas* las historias que nos contamos.

Si te cuentas que se te dan mal las matemáticas, te costará más calcular la propina en un restaurante. Si te dices que eres torpe, es más probable te caigas al pisar los cordones de los zapatos. También funciona a la inversa. Puedes decirte que eres un experto y a los demás les parecerás una persona más segura, independientemente de tu grado de pericia. Resulta que a veces lo importante, más que el hecho en sí de que la historia que te cuentas sea verdadera, es que tenga un buen significado.

El significado de la historia reside en el *porqué* de esta. Y podemos contar muchas versiones diferentes que reflejan ese porqué. Incluso las anécdotas más sencillas que contamos revelan creencias importantes que tenemos *tanto* sobre nosotros *como* sobre el mundo.

Volvamos a tu taza favorita. Cuando cuentas la historia de cómo se cayó al suelo, ¿cuál de las siguientes versiones utilizas?

Versión A: Se cayó porque tenía prisa y no tuve cuidado.

Versión B: Se cayó porque el universo la ha tomado conmigo.

Versión C: Se cayó porque soy un manazas y siempre me pasa lo mismo, y por eso no puedo tener cosas bonitas.

Versión D: Se cayó porque anoche me porté mal con mi hermano y el karma me castigó.

Cada versión revela algo importante sobre la historia que te estás contando a ti y al mundo. En la versión A, reconoces que no tuviste cuidado, y la consecuencia es que se te rompió la taza. Tu postura en la vida es que este tipo de cosas ocurren a veces. En la versión B, crees que no tienes la culpa de tus actos y que eres perpetuamente víctima de alguna fuerza superior malévola que te tiene en su punto de mira. Tu postura es que estamos enzarzados en una batalla y que siempre perderás. En la versión C, asumes la responsabilidad de la rotura de la taza, pero de una manera demasiado absoluta. En lugar de reconocer que te comportaste de forma descuidada *en ese momento*, utilizas esta historia como prueba de que tienes un defecto intrínseco. La única forma de corregir este defecto es no permitiéndote tener cosas agradables. De ese modo, cuando seas torpe y rompas cosas, te importará menos. En la versión D, estás asumiendo la responsabilidad indirectamente, no por la rotura de la taza, sino por una transgresión anterior. El papel del universo consiste en controlar y castigar o recompensar en consecuencia.

Si las historias que nos contamos sobre acontecimientos menores reflejan cómo vemos el mundo y a nosotros mismos, imagina las historias de acontecimientos más significativos: tu esposa te dejó. Tu perro joven y sano murió. Te echaron del trabajo sin motivo.

Cuando un acontecimiento de nuestra vida parece *no* tener ningún sentido, es difícil contar una historia sobre él. Esto causa un problema. Una historia no escrita no puede integrarse, y esto repercute en todo el arco argumental de tu identidad y de tu vida. Ahora ya no se trata solo de que no logres entender qué significa *eso* que te ocurrió, sino de que tampoco entiendes lo que pintas *tú* en todo esto. Y, como no eres capaz de integrar *ese* episodio en *tu* historia, dejas de entenderte a ti mismo, por completo. Imagínate: es como si, de repente, hubieran reescrito la historia de tu vida en un idioma que no conoces y solo tuvieras un viejo diccionario de bolsillo, que te sirve para preguntar dónde está el baño, pero en el que no figura la expresión *duda existencial*.

Así es como se encontraba Malcolm. No podía dar sentido al hecho de haber salido con vida, y por eso no le encontraba sentido a su vida. Y tampoco veía ningún sentido en el universo. Lo traumático no fue ir a la guerra, sino *haber regresado*. Irónicamente, su supervivencia es lo que destrozó su historia y lo llevó a arriesgar su matrimonio, su consciencia y su vida. Salió vivo del combate, pero si quería sobrevivir a la vuelta a casa, iba a necesitar contarse otra historia.

Esta es la parte esperanzadora: puesto que somos los autores y narradores de nuestra experiencia, podemos cambiar nuestras narraciones. Cuando las cambiamos, cambiamos el mundo en el que vivimos y cómo vivimos en él.

¿Cómo podemos hacerlo? Es más fácil de lo que crees. Basta con que abandones la creencia de que solo existe una versión de tu historia.

HERRAMIENTA PARA TRATAR EL TRAUMA: CUATRO VERSIONES DE TU HISTORIA

Para este ejercicio, tendrás que elegir un acontecimiento de tu vida que te resulte difícil superar o que creas que podría estar obstaculizando tu progreso. Primero te indicaré cuáles son los pasos y luego utilizaré el caso de Malcolm como ejemplo para que veas cómo seguirlos.

Paso 1. Hechos. Escribe los *hechos* de la historia sin ningún dato interpretativo y de la forma más sencilla posible. Imagínate que eres un reportero objetivo o un cámara de vídeo, que se limita a describir lo que ha visto.

Paso 2. Cuatro interpretaciones. Escribe cuatro interpretaciones diferentes de este suceso y de por qué ocurrió. Al menos una (y probablemente más de una) debe ser una interpretación que creas cierta o que te preocupe que pueda ser cierta. Estas interpretaciones deben ser breves, de uno o dos párrafos. No tiene ninguna importancia que las *creas* todas. El valor del ejercicio se obtiene simplemente con escribirlas.

Paso 3. Significado de cada interpretación. Cuando hayas enumerado tus interpretaciones, escribe una o dos frases sobre lo que cada una de ellas significa para ti y los demás.

Paso 4. Perspectivas somáticas. Cuando hayas terminado, lee cada interpretación en voz alta. Toma nota de lo que sientes en tu cuerpo al volver a leerte estas historias. ¿Las versiones te provocan sentimientos de ansiedad? ¿De paz?

Esto es lo que Malcolm podría escribir si hiciera este ejercicio:

Paso 1. Hechos. Me alisté en el ejército y fui destinado a Irak y Afganistán varias veces a lo largo de tres años. Aunque estuve a punto de morir y perdí a muchos compañeros de servicio, sobreviví y no he dejado de sufrir desde que regresé a casa. Lo que más me cuesta entender es el carácter fortuito de todo: que yo haya sobrevivido y pueda vivir más tiempo, mientras que otros muchos murieron.

Paso 2. Cuatro interpretaciones.

Interpretación A: no hay lógica en el universo y es simplemente buena suerte que haya sobrevivido. Debería sentirme afortunado en lugar de culpable.

Interpretación B: ha habido un gran error cósmico y debería haber sido yo quien muriera en lugar de mis amigos. Mi destino en la vida es cargar con esta culpa hasta que muera.

Interpretación C: el universo me ha perdonado la vida porque hay una misión que debo cumplir, pero como no consigo averiguar cuál es, mi vida entera es un fracaso.

Interpretación D: es probable que el universo tenga una lógica y un porqué, pero como somos seres humanos imperfectos y finitos, no conseguimos comprenderlo. Ni el universo ni estas circunstancias tienen sentido para mí, pero eso no significa que no lo tengan en absoluto. Como no somos capaces de entenderlo, lo mejor que podemos hacer es esforzarnos al máximo.

Paso 3. Significado de cada interpretación.

Interpretación A: en esta versión, no soy responsable de mis éxitos ni de mis fracasos y el mundo es arbitrario y caótico.

Interpretación B: en esta versión, mi existencia es un error. El universo es todopoderoso, pero también comete errores, y a nosotros nos toca sufrir las consecuencias.

Interpretación C: en esta versión, el universo me ha asignado un papel importante, pero lo ha mantenido en secreto, haciéndome responsable de averiguar por qué estoy aquí y qué se supone que debo hacer con mi vida, sin concederme poder para ello.

Interpretación D: en esta versión, existe la idea de que hay una fuerza organizadora en el universo y la comprensión de que no siempre podemos encontrarle sentido a esa fuerza. Puesto que lo único que podemos hacer es esforzarnos al máximo, lo que tengo que hacer es intentar vivir mi vida de la mejor manera posible.

Paso 4. Perspectivas somáticas.

Interpretación A: esta versión provoca muchos sentimientos de ansiedad e inquietud. Da la sensación de que no hay esperanza ni forma de avanzar.

Interpretación B: esta versión suscita rabia y frustración. Da la sensación de que la vida es una especie de broma cósmica, lo cual es desmoralizador.

Interpretación C: esta versión provoca una sensación de agotamiento y, de nuevo, frustración. Sigue apareciendo la idea de injusticia. También hay algo de frenesí porque debe de haber una forma de buscar señales que me indiquen cuál es la dirección correcta.

Interpretación D: esta versión me hace sentir que puedo respirar hondo. Mis hombros se relajan y mi mandíbula se afloja. Tiene sentido que pueda haber un orden que no llegamos a conocer del todo. Esa creencia me hace sentir que el camino se extiende ante mí y que debo seguir adelante.

Este ejercicio tiene dos objetivos. El primero es simplemente adoptar diferentes perspectivas externas repetidamente. Cada vez que lo hacemos, nos enviamos a nosotros mismos el mensaje de que el acontecimiento que intentamos resolver pertenece al pasado. Escuchar este mensaje puede hacer que el acontecimiento nos parezca un peligro menos presente, incluso cuando aún no nos hayamos decidido por una interpretación concreta frente a otra.

El segundo objetivo es capacitarnos para considerar perspectivas alternativas de nuestra historia. Esto nos ayuda a ver que, a pesar de que hay muchas cosas en el mundo que escapan a nuestro control, tenemos cierto control a la hora de asignarles un significado.

Este ejercicio puede ser expansivo y ayudarnos a ver que podemos estar aferrándonos a una historia perjudicial y limitadora; sin embargo, es importante tener en cuenta que quizá no destierre esas versiones perjudiciales y limitadoras de inmediato. No pasa nada. Es normal que la versión antigua llegue a tu consciencia en un momento de estrés o incertidumbre. Que un pensamiento te esté rondando no significa que tengas que dejar que se quede. Como proclama una de esas pegatinas para la parte de atrás del coche: «No te creas todo lo que piensas».

CAPÍTULO 3

El corazón roto de Gabe

La verdad sobre los detonantes

El pintor «aporta su cuerpo» [...] En efecto, no podemos imaginar cómo una mente podría pintar. Es prestando su cuerpo al mundo como el artista convierte el mundo en cuadros.

Maurice Merleau-Ponty

A los quince minutos de mi primera sesión con Gabe, empieza a hiperventilar. Sus respiraciones son cortas y superficiales, y sus hombros se elevan exageradamente con cada una de ellas. Solo puede decir dos o tres palabras antes de tener que volver a respirar. Lo interrumpo.

—Oye, a lo mejor te suena un poco raro, pero vamos a hacer una pausa. ¿Podrías tumbarte en el suelo un momento? Quiero que pruebes un ejercicio muy corto de respiración.

Sin la menor vacilación, Gabe se levanta de la silla, desplaza la cámara de su ordenador y se tumba en el suelo.

La falta de vacilación no me sorprende. Nos hemos conocido hace apenas quince minutos, pero conozco muy bien esa mirada suya. Desconfiar de los demás es un lujo que no te puedes permitir con frecuencia cuando has perdido la capacidad de confiar en tu propio cuerpo. Si le dijera que estar cabeza abajo lo ayudaría a sentir menos ansiedad, estaría intentando hacer el pino antes de que acabara de pronunciar la frase. Reconozco esa mirada en sus ojos porque yo misma la he tenido. Es una especie de horror que no hay manera de describir.

Le pido que respire hondo y que observe hacia dónde va la respiración. Cuando está tendido en el suelo, la respiración se dirige de forma más natural hacia el vientre, lo que activa el sistema nervioso parasimpático, la rama del sistema nervioso responsable de calmar el cuerpo. Con solo dos minutos de respiración hacia el vientre, se reduce la frecuencia cardiaca y se estabiliza la tensión arterial. Respiro con él durante un par de minutos y contamos. Inhala contando hasta cuatro, aguanta dos, exhala contando hasta cinco.

Cuando vuelve a sentarse en la silla, Gabe tiene el semblante relajado y los ojos muy abiertos.

—¡Vaya! ¡Qué diferencia! —dice, llevándose la mano al pecho como si se preguntara de dónde ha salido tanto espacio.

—Lo sé —le digo—. Yo también me sorprendí cuando lo probé por primera vez. ¿Te sueles dar cuenta a menudo de que respiras así, de forma superficial y rápida?

—No, no siempre. ¿Quizá quince veces al día o así? Supongo que más o menos la mitad del día. Mmm, tal vez todo el tiempo.

Ahora, ya sin hiperventilar, empieza a contarme más cosas sobre por qué ha venido a verme. Su padre murió a los cuarenta y tres años, cuando él tenía solo diez. Padecía una enfermedad cardiaca que nadie conocía. Sufrió un infarto en el salón, mientras su hijo lo miraba desde la puerta, atónito. Por si fuera poco, Gabe heredó la misma afección cardiaca.

A los diez años cuesta asumir que padece uno una enfermedad cardiaca congénita, y lo que hizo Gabe fue adoptar la táctica de no pensar en ello. Esta técnica de afrontamiento funcionó muy bien durante gran parte de su vida; sin embargo, a los veintisiete años sufrió un infarto. A partir de entonces, le costó mucho ignorar su corazón.

Gracias a los avances tecnológicos Gabe tiene muchísimas menos probabilidades de morir prematuramente, como le pasó a su padre. Le han implantado un pequeño desfibrilador en el pecho. Este aparato está diseñado para darle una descarga cuando su corazón se pare y salvarle la vida. Pero hay un problema: puede funcionar mal y enviarle una descarga eléctrica cuando el corazón no se ha parado. Y no se trata de un impacto leve. Muchos lo describen como la sensación de recibir una patada de un caballo en el pecho. No es raro que quien la recibe se desmaye, y a veces la máquina da varias descargas seguidas.

Esto es lo que se denomina una tormenta eléctrica, que es espantosa y potencialmente mortal. Por eso, cuando se produce, piensas que este horrible dolor tal vez será lo último que sientas en tu vida.

Gabe ha superado todo lo demás: la muerte de su padre, su propio infarto y los cambios radicales de estilo de vida que tuvo que llevar a cabo después, además de la operación necesaria para implantarle la maquinita en el pecho. Sin embargo, una serie de tormentas eléctricas lo han llevado al límite de sus fuerzas. Tras sufrir un episodio que lo lanzó por el suelo de su apartamento y lo dejó inconsciente, se encontró completamente incapaz de relajarse... nunca.

La situación de Gabe resulta irónica y completamente absurda a la vez. Porque, al igual que el desfibrilador, diseñado para mantenerlo con vida pero que puede funcionar mal, su amígdala, parte del sistema de respuesta al trauma de su cuerpo, se activa en situaciones en las que no está corriendo peligro y amenaza su estabilidad psicológica. En ambos casos, lo que se supone que debería mantenerlo vivo está convirtiendo su vida en un infierno.

La hipervigilancia, un estado de alerta máxima, es uno de los síntomas más comunes del TEPT. Los medios de comunicación suelen representar la hipervigilancia con la imagen de un veterano de guerra que escudriña obsesivamente la habitación en busca de peligro, aunque se encuentre en su propia casa, o de la superviviente de una agresión sexual que se sobresalta y casi se desmaya cuando su compañero de piso entra en la cocina para hacerle una pregunta. Aunque no haya ningún peligro a la vista, quien sufre este trastorno es incapaz de relajarse. La experiencia traumática se ha quedado grabada en su cuerpo. El trauma le ha enseñado que el mundo es un lugar terriblemente peligroso, y su organismo no lo olvidará nunca.

Gabe acudió a mí porque, aunque en Internet se puede aprender mucho sobre el trauma, la pérdida y el curioso órgano, en el centro de nuestro ser, que nos mantiene con vida, es difícil encontrar información sobre qué hacer cuando son los propios latidos de tu corazón los que te están volviendo loco. A ambos nos asombraba esta especie de dualidad diabólica.

DETONANTES Y RECUERDOS TRAUMÁTICOS

Uno de los mayores fallos del lenguaje del trauma es que nos referimos a los recuerdos traumáticos como recuerdos. Como si se parecieran a los demás recuerdos y los sintiéramos como tales. Como si fuéramos capaces de controlarlos. Sin embargo, los recuerdos traumáticos no son exactamente recuerdos, sino situaciones que *revivimos* involuntariamente. Cuando recordamos, mantenemos el control cognitivo. Es decir, somos capaces de acceder a las partes de nuestro cerebro que nos permiten pensar de forma racional. Y aunque no podamos evitar sentir algunas de las emociones relacionadas con el hecho que estamos recordando, normalmente conseguimos dejar a un lado el recuerdo y las emociones cuando es necesario.

En cambio, revivir no es algo que nosotros hacemos, sino algo que nos ocurre. Se trata de un mecanismo que nos transporta al momento del trauma. Es como si las víctimas del trauma tuvieran la sorprendente capacidad de vivir en dos momentos a la vez, ya que, en ellas, el pasado y el presente se alternan. Es como ver algo de cerca y de lejos. Este tipo de alternancia tal vez parezca divertida en las películas de ciencia ficción, pero convierte tu vida en un auténtico horror.

Detonante es otra palabra que empleamos para designar este tipo de memoria que sentimos como un latigazo y la cascada de respuestas biológicas que la acompañan. Por desgracia, se ha abusado tanto de este término que prácticamente ya no significa nada. Antes, *detonante*[*] se utilizaba para referirse a estos extraños recuerdos no memorizados, pero ha pasado a convertirse en un cajón de sastre para cualquier ocasión en la que tengamos una emoción remotamente desagradable o no deseada. Decimos que el *detonante* que nos ha hecho perder el control o tener una crisis es, por ejemplo, no conseguir lo que queremos en nuestras relaciones o el hecho de que alguien tenga unas creencias políticas opuestas a las nuestras. No hay que quitar importancia a estas experiencias, que son significativas y dignas de tener en cuenta, pero necesitamos una nomenclatura más adecuada, porque cuando las

---

* N. del T.: Otros términos que se utilizan como sinónimos de *detonante* son *desencadenante* (o *factor desencadenante*), así como *factor, situación* o *elemento desestabilizador*.

homogeneizamos utilizando la misma palabra inadecuada para plasmarlas, cometemos una injusticia con *todas* ellas.

Tenemos una idea equivocada de lo que significa reaccionar a la alteración producida por un *detonante* que es muy peligrosa, porque nos ha llevado a malinterpretar lo que debemos hacer cuando ocurre. Hemos aprendido a bloquear y evitar, a suprimir en lugar de adaptarnos y sanar. En cuanto alguien dice «estoy perdiendo el control», se alzan las manos en señal de rendición y se interrumpe la conversación.

En algunos casos la persona sufre esa crisis, ese descontrol, pero con frecuencia no es así. Tenemos que saber diferenciar ambas situaciones. Y reconocer que, en *cualquier* caso, rendirse y bloquearse son señales de que te has hundido, no de salud e integración.

Si confundimos revivir con recordar, recordar con revivir, cualquier sentimiento con un detonante y el detonante con una orden de venirnos abajo, estaremos malinterpretando la esencia misma de la experiencia traumática y jamás conseguiremos sanar.

EVITAR LA TRAMPA DEL DETONANTE

En el debate actual sobre el trauma y sus detonantes, han surgido cada vez con más frecuencia tres ideas que afectan negativamente a nuestra comprensión y tratamiento del trauma.

La primera es la de que en todo momento somos conscientes de los factores desencadenantes y somos capaces de hablar acerca de ellos con propiedad, es decir, de advertir cuándo provocan una reacción y decir: «He perdido el control». La segunda idea es que hay que evitar a toda costa los detonantes, tanto si te provocan una reacción como si no. La tercera, estrechamente relacionada con esta, es la de que has conseguido eliminar adecuadamente un desencadenante (y, por tanto, estás curado) cuando no sientes absolutamente *nada* al recordar lo que te traumatizó. Estas tres ideas son erróneas y reflejan una comprensión sumamente inexacta de cómo funcionan los detonantes y la memoria. Permíteme explicarte en qué falla cada una de estas ideas y qué es lo que de verdad sucede.

En primer lugar, *no siempre tenemos la capacidad de identificar conscientemente nuestros factores desencadenantes* o con qué están relacionados. Estos factores tienen que ver con la supervivencia, por lo que a veces se nos escapan. A menudo, nos sentimos mal por razones que no logramos explicar. Sé muy bien de lo que hablo. He dedicado mi vida a estudiar el trauma, y tardé *nada menos que cinco años* en darme cuenta de que la razón por la que no soportaba comer, oler o estar cerca de espaguetis con salsa de tomate es que esa fue la última comida que tomó mi padre antes de ingresar en el hospital y morir diez días después. No era en absoluto consciente de que mi cerebro había relacionado la salsa de tomate con el peligro y de que *esa conexión* era lo que me producía tantas náuseas. Solo sabía que esa comida me encantaba y ya no podía comerla.

Los desencadenantes son portales al pasado. Cuando los portales están abiertos, el pasado se abre paso, sin que nadie se lo pida. La palabra *portal* procede del latín *porta*, que significa 'entrada', 'paso' o 'puerta'. No se refiere a una puerta cualquiera, sino a una imponente, como la puerta de una ciudad. Los portales permiten el acceso a las ciudades; los ciudadanos pasan a través de ellos en tiempos de celebración y salen en tiempos de desastre. Hay incluso una vena portal, que lleva la sangre dentro y fuera del hígado, para mantenernos vivos. La sangre no filtrada entra en el hígado y la filtrada sale de él.

Los portales no siempre son pasadizos hacia algo agradable, pero son necesarios desde el punto de vista biológico.

Cualquier cosa —incluidos estados internos imperceptibles como las fluctuaciones de la frecuencia cardiaca— puede ser un desencadenante, un portal que se abre a un conjunto de fragmentos vívidos e impresos del pasado. Y a través de ello, el pasado fluye hasta nosotros como la sangre al hígado. Lo que se experimenta cuando se activa la respuesta al trauma es mucho más que una simple emoción. Es como ser transportado a un tiempo pretérito sin ningún control de tu parte. Una cosa es tener una sensación o emoción desagradable y otra, completamente distinta, salir disparado a través de un portal hasta aterrizar en medio de una experiencia horrible del pasado, sin levantarte siquiera del sofá en el que estás cómodamente sentado. Una sensación puede ser inconveniente o desagradable, pero no tiene por qué hacer que tu cuerpo se inunde de hormonas del estrés. Estar incómodo o molesto no es lo mismo que sentir cómo se activa la respuesta al trauma y pierdes el control.

En segundo lugar, *los desencadenantes no existen para recordarnos lo que debemos evitar*, sino para que *no* olvidemos lo que no habíamos integrado hasta ahora y lo integremos. Son señales de que hay asuntos que aún no hemos asimilado, de que hay trabajo por hacer. No son agradables, pero las necesitamos.

En tercer lugar, *no sentir nada no es un objetivo realista*. Lo que hay que conseguir es la integración. Sabes que has integrado algo cuando puedes narrar el acontecimiento, sentir *algunas* de las emociones ligadas a él, asignarle un significado y dejar a un lado el recuerdo cuando quieras. Si crees que cualquier sentimiento indeseable es un detonante, cometerás el error de pensar que la curación se produce cuando dejas de sentir por completo. Puedes aprender a reducir la intensidad de las respuestas del sistema nervioso e intervenir en ellas cuando te expones a los desencadenantes; sin embargo, no podrás hacerlo si los evitas por completo.

RECORDAR Y REVIVIR

Empecemos por el principio: nuestros cerebros procesan cada vivencia de una forma diferente. En nuestra vida cotidiana, ocurren acontecimientos y, en su mayor parte, tienen sentido. Vamos al trabajo, mantenemos conversaciones, contamos chistes, nos frustramos y discutimos. Todo esto se codifica y archiva adecuadamente, sobre todo en una parte del cerebro llamada hipocampo. Los archivos de memoria almacenados en el hipocampo contienen tres elementos: una narración coherente del acontecimiento, el contenido emocional de este y un conjunto de etiquetas que indican lo que este hecho significa para nosotros. Disponemos de archivos relativamente organizados de la mayoría de los acontecimientos de la vida que podemos consultar cuando lo necesitemos. Podemos contarles a otros lo que sucedió, sentir parte del contenido emocional —la risa frenética, la tristeza agridulce— y luego volver a guardar el archivo y seguir con nuestros quehaceres.

Si alguien cuenta un chiste en el trabajo, por ejemplo, recuerdas el chiste y etiquetas el archivo con el significado «anécdota divertida del trabajo». Puede que llegues a casa al final del día y lo cuentes tú. Y sonrías o te rías al hacerlo, porque sientes parte del contenido emocional de lo que ocurrió. O quizá te olvides de ello esa noche y cuentes la historia tres días más tarde. Incluso es posible que el recuerdo vuelva a surgir al cabo de unos años, cuando te cuenten una historia similar. En todos estos casos, tu mente consciente tiene el control.

Sin embargo, cuando experimentas una experiencia abrumadora, los mecanismos de grabación de tu cerebro se descontrolan ligeramente y, aunque se crea un archivo, de alguna manera está desorganizado.

Es fundamental señalar que esta organización atípica no es producto de un fallo del sistema. El cerebro ha evolucionado para reconocer las situaciones amenazadoras y responder a ellas de forma diferente a las no amenazadoras. Este método de archivo es a la vez más eficaz y tiene más probabilidades de mantenernos con vida. Plantéatelo así: en situaciones *no amenazantes*, tu cerebro no necesita pasar por un protocolo de amenaza. En situaciones de *amenaza*, tu cerebro no necesita crear archivos complicados para tus recuerdos; necesita bloquear el acceso a ellos y guardarlos.

Las estructuras cerebrales responsables de este proceso son la amígdala y el tronco encefálico. Se puede considerar a la amígdala como un sistema de alarma. Está constantemente buscando amenazas, y cuando aparece una, activa una alarma. El tronco encefálico responde a la alarma enviando hormonas del estrés que reorganizan las prioridades de las funciones cerebrales y corporales para prepararse para la amenaza, responder eficazmente al peligro y mantenerse con vida.

Si alguna vez te has despertado con un sobresalto en mitad de la noche, habrás experimentado este sistema de respuesta. Es probable que hayas dado un salto y te hayas quedado sentado en la cama totalmente alerta, a pesar de que un segundo antes dormías profundamente. Tu ritmo cardiaco aumentó inmediatamente, tu tensión arterial se elevó y las hormonas del estrés recorrieron tu cuerpo como un enjambre enfurecido de abejas.

Puesto que tenemos reservas y capacidad de energía limitadas, es fundamental volver a priorizar las funciones. Piensa que tu sistema nervioso es como un centro de mando. Cuando se activa el sistema de respuesta al estrés, se suben algunos mandos y se bajan otros. Las funciones que son menos importantes en un momento de amenaza se ralentizan para poder enviar más energía a apoyar las funciones más importantes. Las funciones menos importantes en un momento de amenaza son la digestión, la reproducción, el procesamiento racional y la codificación de la memoria. Las más importantes son el movimiento, la percepción y la fuerza. Quizá te sientas ridículo si saltas de la cama blandiendo una pesada linterna como si fuese un arma y luego te das cuenta de que el sonido que te despertó era la apnea del sueño del perro. Sin embargo, los sistemas que hacen esto posible son los mismos que, de repente, te hacen sentir como un héroe al proporcionarte la fuerza sobrehumana necesaria para levantar el coche que está aplastando a tu hijo. Se trata de un sistema sofisticado y adaptable que es digno de admiración y de reconocimiento.

Sin embargo, este funcionamiento tan eficaz del sistema de amenazas tiene un inconveniente: uno de los procesos que se ralentizan es el mecanismo de registro de tu cerebro. Cuando la amígdala se satura, el hipocampo, la parte del cerebro que forma recuerdos y los almacena a largo plazo, se desconecta. No es necesario que estés registrando y archivando el suceso durante el momento de agobio, pero estas tareas sí deben producirse para que el recuerdo del trauma quede archivado igual que el resto de tus recuerdos. Si no se registra y archiva, el recuerdo del trauma permanecerá en el presente y se manifestará en forma de síntomas.

Cuando tu mecanismo de registro no está totalmente operativo, en lugar de un archivo de memoria coherente, obtienes *fragmentos* —sonidos, colores, olores, frases, sabores— que se archivan de forma desorganizada. Que estén desorganizados no significa que no se almacenen. De hecho, quedan profundamente grabados. Tu cerebro se aferrará a ellos a toda costa, porque representan amenaza o peligro, y aprendemos nuestras lecciones más vívidas del miedo. Por lo tanto, almacenar fragmentos de un acontecimiento es una táctica de supervivencia necesaria y positiva.

El problema radica en que esos fragmentos actúan como desencadenantes, como portales que se abren al trauma inicial y activan tu sistema de respuesta al estrés, haciéndolo reaccionar ante una amenaza que verdaderamente no existe. Para cuando te das cuenta de que en realidad no corres ningún peligro, tu cuerpo ya ha puesto en marcha su proceso de supervivencia.

Se me ocurre el siguiente ejemplo. Supongamos que sufres un atraco, y el atracador lleva una camisa de color granate intenso. Durante la agresión, tu sistema de respuesta al estrés se activa adecuadamente. Aunque tu hipocampo registra la experiencia y la graba, en ese momento lo verdaderamente importante son los procesos relacionados con la supervivencia y su función queda relegada. Por eso, utiliza la poca energía de que dispone para registrar todos los detalles del suceso que puede: fragmentos de color, la sensación de agitación en tu pecho mientras huías, el olor del aire nocturno, las gafas de montura negra que llevaba el atracador. Guarda esos fragmentos; sin embargo, es como si los arrojara precipitadamente a un armario. No se molesta en organizarlos y clasificarlos cuidadosamente, como hace con el resto de tus recuerdos.

Como estos fragmentos de memoria están tan desorganizados, los revives cada vez que se te presenta alguna circunstancia que los empuja a la superficie, en lugar de poder sacarlos a la consciencia y hablar de ellos libremente. A veces lo que te hace revivir esa experiencia viene provocado por algo interno (como cuando sales a correr y notas cómo se eleva tu frecuencia cardiaca) y a veces surge como consecuencia de un elemento procedente del mundo externo (el olor de la colonia de alguien o la forma en que cae la luz al anochecer). Imagínate que estás en el trabajo y pasa un compañero tuyo con una camisa que es exactamente del mismo color granate oscuro que llevaba el atracador... Podrías volver a sentir la misma subida de adrenalina que sentiste aquella noche. El sistema de respuesta al estrés se reactiva porque ha registrado ese color como parte de la amenaza real que viviste. Cuando vuelves a ver ese color, le indica a tu cerebro y al resto de tu cuerpo que pongan en marcha exactamente los mismos procesos que te mantuvieron con vida la primera vez. La diferencia es que ahora ya no te encuentras en peligro; simplemente estás sentado en tu escritorio.

Como la señal de alarma fue tan sutil y rápida, y como el archivo de memoria con el que está conectada se encuentra fragmentado, es posible que no conectes conscientemente esa señal con tu trauma. En lugar de pensar: «Vaya, Fred lleva la camisa del mismo color que la persona que me atracó. Eso me recuerda lo aterrador que fue ese atraco», sientes pánico sin saber por qué.

El pánico es consecuencia de tu sistema de respuesta al estrés que se pone en marcha aunque no sea necesario. Más adelante examinaremos detenidamente, desde una perspectiva neurobiológica, por qué se produce esta reacción precipitada. Por ahora, debes saber que, a nivel biológico, tu cerebro y todo tu cuerpo perciben la amenaza y reaccionan como si fuera real, porque en ese momento no conocen la diferencia entre lo real y lo imaginado.

Es importante comprender que cuando hablamos de «revivir» el pasado, no se trata de una expresión poética que utilicemos para enfatizar el dolor de recordar una experiencia traumática y la respuesta de tu sistema al trauma. Tu cerebro y el resto de tu cuerpo están reviviendo *de verdad, de verdad* el pasado. Cuando te expones a un desencadenante, no son capaces de distinguir entre el presente y el pasado. Piensan que el trauma está sucediendo de nuevo, y como su respuesta funcionó con éxito la primera vez (al mantenerte con vida), responden de la misma manera. Aunque a nivel racional seas consciente de que estás sentado en tu escritorio, a salvo, tu cuerpo se encuentra en otro plano completamente distinto, luchando por sobrevivir a un asalto. Si los detonantes son un aspecto esencial del trauma, ¿qué podemos hacer al respecto? Resulta que se pueden hacer muchas cosas para que el viaje a través del portal sea más llevadero o incluso para cerrarlo del todo. La mayoría entran en una de estas dos categorías: contar la historia y reeducar.

CONTAR LA HISTORIA

La primera paciente de Freud y Breuer, Anna O., tenía el síntoma particularmente fascinante de sentirse «transportada al pasado». En 1880 Anna había pasado diez meses cuidando a su padre, que estaba agonizando. Cada vez que olía naranjas, una fruta que prácticamente solo había comido mientras lo cuidaba, Anna se trasladaba a 1880 con tal intensidad que olvidaba casi todos los detalles de los años siguientes, incluido el hecho de que se había mudado. Tenía alucinaciones tan vívidas de su antigua habitación que intentaba abrir la puerta y se encontraba de pie delante de la estufa.

Tras dedicarle varios meses a Anna, Breuer dio con un procedimiento terapéutico que, según él, la libraría de estos síntomas. Intentaba tratar uno de los síntomas más urgentes, la hidrofobia, un miedo y una repulsión al agua tan intensos que el paciente deja de beber agua por completo. Anna sentía sed, agarraba un vaso de agua y luego lo apartaba, incapaz de beber. No comprendía conscientemente por qué se había vuelto hidrofóbica de repente.

Una noche, bajo hipnosis, Anna empezó a contar la historia de una amiga que estaba de visita y dejaba que su perro bebiera de su propio vaso de agua. Cuando aquello ocurrió, trató de ser amable y no decir nada, pero bajo hipnosis reveló que sentía una repulsión y un asco intensos. En cuanto expresó esas emociones, pidió un vaso de agua, se lo bebió y tras despertar de la sesión de hipnosis, la hidrofobia desapareció por completo.

Aunque ver a un perro beber del vaso de agua de su amiga no fue necesariamente traumático, Anna había sentido una emoción intensa que en ese momento no podía expresar, lo que provocó una interrupción de su funcionamiento normal. Hablar de las emociones no procesadas había impedido que irrumpieran en el presente de forma imprevista.

En conversaciones posteriores con Anna mientras estaba bajo hipnosis, Breuer tomó cada uno de sus síntomas y lo conectó con la perturbación original. Informó de que, a medida que realizaban este proceso, cada síntoma desaparecía. En sus palabras: «De este modo, sus contracturas y parálisis, los trastornos de la visión y la audición de todo tipo, las neuralgias, la tos, los temblores, etc., y, por último, sus alteraciones del habla fueron "resueltos al hablar de ellos"».[1]

De manera que, si se podía convencer a la paciente de que hablara del suceso traumático mientras sentía las emociones abrumadoras reprimidas, los síntomas traumáticos ya no tenían necesidad de manifestarse somáticamente. Una vez que se resuelve el recuerdo subyacente, el desencadenante pierde por completo su poder.

Si los desencadenantes son portales a recuerdos traumáticos, narrar el acontecimiento traumático con un terapeuta es útil porque proporciona una forma de atravesar el portal lentamente y ordenar lo que hay allí. Cuando cuentas una historia, conviertes un acontecimiento en un relato. Le añades cohesión y estructura, asegurándote de que tiene un principio, un nudo y un desenlace. Lo haces coherente. Contar la historia permite rellenar los huecos del suceso (a veces con la imaginación) y te permite contemplarlo desde una perspectiva externa.

Cuando convertimos un acontecimiento traumático en una historia, empieza a parecerse al resto de nuestros recuerdos. Los recuerdos así organizados son reconocibles como sucesos del pasado. Al volver a relatar estos hechos, los fragmentos de memoria que nuestro cerebro había guardado apresuradamente en su sistema de archivo de forma desordenada y desorganizada se organizan en un recuerdo coherente. Recogemos los trozos dispersos como si fueran folios tirados por el suelo, los colocamos en el orden correcto y con el anverso hacia arriba, y alineamos los bordes de las hojas. Ahora nuestro cerebro puede archivar todo el recuerdo ordenadamente junto a otros recuerdos coherentes de acontecimientos cotidianos inocuos. Podemos relacionarnos con estos recuerdos y su contenido del mismo modo que con la narrativa de una obra de ficción. Lo reconocemos como un acontecimiento del pasado, y así ya no necesitamos revivirlo. En lugar de seguir saliendo disparados hacia el pasado, empezamos a ser capaces de navegar por el portal con cierto control.

Hay muchas, muchas maneras de empezar este proceso de contar la historia, pero el mejor lugar para comenzar es con alguien en quien puedas confiar para que te ayude a volver al punto de partida si al final la respuesta al trauma llega a activarse. Lo complicado de trabajar con narraciones traumáticas es que, cuando abrimos el portal, la sensación de desbordamiento nos invade y puede volver a bloquearnos. No solo es imposible realizar ningún trabajo útil en ese estado, sino que también pueden aumentar las probabilidades de que la respuesta acabe activada de forma crónica. Por tanto, es fundamental que hagamos este trabajo en presencia de alguien que pueda reconocer cómo nos sentimos cuando se activa la respuesta y que sepa qué hacer para ayudarnos a calmarnos. Podría ser un consejero espiritual, un terapeuta de confianza o un *coach* con una amplia experiencia en trauma. Busca terapeutas que mencionen el «trauma» como área de interés y la «terapia narrativa» como uno de sus enfoques de tratamiento.

REEDUCAR

No obstante, lo cierto es que a Gabe no le suponía ningún problema contar historias. Era capaz de relatar de forma coherente sus vivencias: la historia de la muerte de su padre, la de su propio diagnóstico, la de su tratamiento y la de su experiencia con las tormentas eléctricas. Solo que cada vez que lo hacía, su respuesta al trauma se disparaba. En su caso, el problema no era la narración, sino lo que esta *significaba*. Dicho de otra manera, la parte narrativa del archivo de memoria estaba bien; lo que fallaba eran las etiquetas de significado del archivo.

Como ya vimos anteriormente en este capítulo, cada archivo de memoria contiene tres elementos: una narración del acontecimiento, su contenido emocional, y una serie de etiquetas que le asignan un significado a dicho acontecimiento. Dado que los archivos de memoria pueden fragmentarse de diversas formas, no siempre es la narración lo que se interrumpe. A veces la narración es perfectamente coherente; sin embargo, el contenido emocional está fragmentado. Otras veces la narración y el contenido emocional están bien, pero las etiquetas y los rótulos no se ajustan correctamente al acontecimiento que describen.

Estas fragmentaciones pueden adoptar numerosas formas. Cuando el contenido emocional está en orden, sientes algunas de las emociones ligadas a un recuerdo cada vez que piensas en él. Tal vez se te salten las lágrimas al hablar de cuando murió tu padre, por ejemplo, pero sigues teniendo un gran control y al cabo de unos minutos estás en condiciones de seguir adelante y continuar con tu vida. En cambio, cuando el contenido emocional no está bien ajustado, contar la historia o pensar en ella (aunque la narración esté intacta) provoca una activación extrema o una desconexión total. Es posible que, si intentas hablar del día en que murió tu padre, acabes sufriendo un ataque de pánico, hiperventilando y sollozando. O quizá seas capaz de hablar de ello con detalles extremos e impactantes con una fría y oscura indiferencia, sin mostrar emoción alguna. Ambos extremos son el resultado de un contenido emocional que no ha sido integrado.

Cuando las etiquetas y los rótulos están en orden, puedes contar una historia y transmitir su significado, tanto lo que significa para ti como lo que significa sobre la vida. En este caso, la fragmentación es más difícil de reconocer, pero la angustia arrolladora es un buen indicio de que el significado de un acontecimiento no se ha integrado en tu historia personal ni en tu visión de la existencia. Si el recuerdo de un error te genera muchísima vergüenza y la creencia de que hay algo malo o indigno en ti, o una parte dañada sin remedio, es necesario reintegrar ese recuerdo. Lo mismo ocurre si el recuerdo del día en que murió tu padre está ligado a la creencia deprimente de que el mundo es un valle de lágrimas en el que no hay lugar para la esperanza.

Es preciso destacar aquí que, aunque este asunto de la memoria pueda parecer como una condena de por vida, es posible tratar cualquiera de las fragmentaciones de los archivos de memoria y solucionarlas. En el capítulo cuatro hablaremos de ello más a fondo, pero por ahora, quédate con la idea de que tenemos mucho más poder del que creemos a la hora de reorganizar los archivos de memoria.

Como Gabe se pasó tantos años negándose a pensar en lo que la muerte de su padre y su propia afección cardiaca significaban para sí mismo y para su vida, no les había asignado etiquetas de significado a estos acontecimientos. Por eso, cuando comenzó nuestra sesión y empezó a contar su historia se le desencadenó un ataque de pánico que era perceptible a través de la pantalla. Podía contar la historia, pero su cerebro no estaba seguro de cómo volver a archivarla. Así que, para protegerlo, el cerebro supuso que estaba en peligro y respondió como si lo estuviera.

¿Qué hacer si has hecho el esfuerzo de contar la historia (narración) y sigues reaccionando al desencadenante? Pues reeducarte.

En la pasada década de los cuarenta, el especialista en trauma Abram Kardiner comprendió que ocurría algo decisivo que aún no se había tenido en cuenta. No se trataba solo de que un acontecimiento traumático dejara tras de sí emociones confusas e inexpresadas, sino de que este acontecimiento cambiaba por completo la forma en que el paciente percibía el mundo. Kardiner se dio cuenta de que el trauma y los síntomas que origina nos hacen sentir tremendamente inseguros en el mundo y en nuestro cuerpo *en general*, no solo en los momentos en que se desencadena, sino *continuamente*.

También entendió que no siempre se trataba de ayudar a los pacientes a asimilar lo ocurrido, sino de reeducarlos sobre la realidad. Kardiner escribió: «Hay que hacer todo lo posible por reeducar al paciente sobre *la realidad* en la que vive, y no sobre el mundo peligroso e inhóspito que se imagina».[2] Aunque la respuesta al trauma se activa a causa de un acontecimiento concreto, la lesión traumática es global. Es una herida en la que uno pierde por completo su sensación de seguridad en el mundo.

Uno de los casos estudiados por Kardiner fue el de un excombatiente cuyo síntoma principal eran los desmayos. Cada vez que estaba en un ascensor o subía las escaleras de su edificio de apartamentos demasiado deprisa, se desmayaba. Asimismo, tenía terribles pesadillas cada noche en las que caía de lugares altos y se despertaba empapado en un sudor frío. Había ido al médico suponiendo que los desmayos eran señal de un problema de tensión arterial. El examen que le hicieron no reveló ningún trastorno físico; sin embargo, el síntoma no desaparecía y le perturbaba considerablemente.

Cuando Kardiner trabajó con el veterano de guerra descubrió que había tenido un accidente de helicóptero durante una misión. Se desmayó mientras su helicóptero se precipitaba hacia el suelo. Un mecanismo de defensa natural que seguramente le salvó la vida. A este mecanismo del sistema nervioso se lo suele llamar «efecto muñeca de trapo» y hace que en un accidente el cuerpo se quede flácido justo antes del impacto. Eso aumenta las probabilidades de supervivencia. Este veterano podía hablar de forma coherente acerca del accidente y descartó por completo la idea de que lo hubiera traumatizado psicológicamente. Muchos lo habían pasado peor que él y se sentía afortunado de haber sobrevivido.

El paciente tenía pesadillas de caídas *todas* las noches, y el nudo en el estómago antes de desmayarse era *exactamente la misma* sensación que había tenido cuando su helicóptero caía en picado por el aire; es decir, sus síntomas estaban claramente relacionados con este suceso, pero *aun así* seguía sin aceptar que guardaran relación con el accidente, porque no creía que su experiencia hubiera sido traumática. Sus síntomas eran físicos, no psicológicos, de manera que no había ninguna relación entre ambas cosas. Además, tampoco *quería* que la hubiera. Recuerda que, en aquella época, sufrir un trauma de combate equivalía a ser una persona débil, no solo de constitución, sino también de carácter.

Al igual que en el caso de Gabe, lo que activaba la respuesta al trauma de este veterano de guerra era un *estado interno* imperceptible. Cuando experimentaba fluctuaciones en la presión sanguínea, volvía a atravesar el portal del trauma. Sin embargo, como no lograba relacionar el estado físico con el acontecimiento traumático, no entendía por qué continuaba atormentándose.

No elegimos nuestros desencadenantes, ni siquiera somos siempre conscientes de ellos.

Kardiner ayudó a este paciente y lo hizo convenciéndolo gradualmente de dos cosas: en primer lugar, que la experiencia de desmayarse al subir las escaleras o montar en ascensor estaba relacionada con el accidente de helicóptero. Para empezar, tuvo que demostrarle que el portal estaba ahí. En segundo lugar, le hizo ver que, aunque el desmayo probablemente le había salvado la vida, no había necesidad de aferrarse a esa respuesta para siempre. Había que reeducar al paciente en la realidad y mostrarle que «estos mecanismos defensivos *no eran adecuados para el mundo real en el que vivía*».[3] Los mecanismos en sí no habían fallado, simplemente ya no le servían. El mecanismo de defensa natural de Kardiner se desplegaba en situaciones en las que no existía ningún peligro real. Para curarse, necesitaba ver que, aunque el acontecimiento traumático fue de verdad aterrador, no tenía por qué vivir siempre asustado.

El cuerpo, en un esfuerzo denodado y entusiasta por garantizar la supervivencia, comete el error de suponer que la mejor forma de sobrevivir es permanecer anclado en el posible peligro que puede estar acechando a la vuelta de la esquina. El resultado es que vives continuamente en un estado de alerta e incomodidad. Los acontecimientos traumáticos, además de crear un archivo de memoria desorganizado, le imprimen a la vida un significado imposible de borrar. Por tanto, curar el trauma no consiste solo en recontar y reorganizar los recuerdos; también implica llegar a comprender de qué manera ha cambiado tu visión de la realidad el acontecimiento traumático.

Es necesario que entiendas que *la respuesta al trauma tiene siempre una razón de ser*. Las defensas automáticas que se activan exactamente cuando las necesitamos proceden de un sofisticado sistema diseñado para salvarnos la vida. Lo que nos causa angustia es la forma en que entendemos estas respuestas y respondemos a ellas: cuando las juzgamos o intentamos eliminarlas, cuando las utilizamos para reafirmar la historia de que somos débiles o algo está mal en nosotros o de que el mundo está completamente vacío de esperanza.

Cuando Anna olía una naranja, atravesaba un portal que la llevaba a la época en que vio morir a su padre. Esto le recordaba que sus seres queridos eran mortales y desaparecerían. Cuando el veterano al que trató Kardiner experimentaba cualquier fluctuación en su tensión arterial, retrocedía a través de un portal al momento en que su helicóptero entró en caída libre. Su cuerpo percibía entonces la amenaza y respondía repitiendo lo que había hecho para mantenerlo con vida durante el accidente. Cuando el corazón de Gabe se agitaba, atravesaba una serie de portales que lo llevaban al fallecimiento de su padre, a cuando recibió su propio diagnóstico, a su infarto y al momento en que las tormentas eléctricas se desataban en su cuerpo. Para él, cada uno de estos portales tenía el mismo significado: que la vida es precaria, y la suya todavía más.

Pero la cosa es así: Gabe tenía razón y, a la vez, se equivocaba. La vida es precaria y es posible que la suya lo fuera aún más que la de la mayoría. Pero la respuesta a la precariedad *no* consiste en vivir constantemente en un estado de miedo. Para su proceso de curación es fundamental reeducar el cuerpo para que comprenda que no está todo el tiempo en peligro. Esta reeducación se produce cuando trabajas en dos planos: el del archivo de memoria y el del cuerpo. Puedes trabajar en ambos planos simultáneamente o puedes dedicarte a uno y luego al otro. Si quieres trabajar de forma simultánea, busca un terapeuta especializado que trate el trauma por medio de «terapia narrativa» y «terapia somática». Otra posibilidad es que empieces a trabajar con un profesional en la terapia narrativa mientras utilizas algunos de los cuadernos de trabajo que encontrarás en la sección de recursos recomendados, para comenzar a reeducar el cuerpo.

CONCLUSIONES Y HERRAMIENTAS

La respuesta traumática *siempre* tiene una razón de ser, pero a veces *es* realmente frustrante. Esto se debe a que lleva en su interior una tensión que no puede resolverse: una dualidad diabólica. David Morris, veterano y corresponsal de guerra, lo captó a la perfección cuando escribió: «El trauma es el atisbo de verdad que nos cuenta una mentira: la mentira de que el amor es imposible, de que la paz es una ilusión».[4]

El trauma es el atisbo de verdad que nos cuenta una mentira.

La verdad es que todos somos extremadamente vulnerables. Esta vulnerabilidad atormenta nuestra existencia y acecha a todos los aspectos que apreciamos de ella. Todo es precario. Pasamos la mayor parte de nuestras vidas tratando de mantener a raya esta verdad. Permanecemos ocupados y actuamos como si esa precariedad no existiera. Sin embargo, los acontecimientos traumáticos irrumpen en nuestras vidas y revelan esta terrible verdad con una intensidad que es imposible ignorar. No obstante, este momento de irrupción no es todo. El trauma no se limita a un momento, es mucho más poderoso que eso. Se propaga a través de portales hasta el presente, reforzando esa mentira que nos cuenta: que el terror es la base de todo. Que el terror es lo único que existe. Que una vez que hemos conocido este terror, ya nunca debemos desviar nuestra atención de él. Que la única manera de vivir es permanecer en estado de máxima alerta.

El sufrimiento de Gabe no radicaba únicamente en que sufriera ataques de pánico al contar su historia o en que su respuesta al trauma se desencadenara por las fluctuaciones de su ritmo cardiaco. Además, el trauma le había enseñado que nunca estaba seguro, que la muerte lo esperaba a la vuelta de cada esquina y que, ante eso, la única respuesta posible consistía en estar siempre alerta para que, al menos, no lo pillara desprevenido. A Gabe no le bastaba con contar su historia y revivirla. Eso ya lo había hecho. Necesitaba aprender a sostener una asombrosa contradicción: que era vulnerable (más que la mayoría) y que además estaba a salvo.

Por regla general, a los seres humanos se nos da fatal mantener dos pensamientos contradictorios al mismo tiempo, pero Gabe y yo trabajamos en ello. Y, mientras lo hacíamos, realizamos diversos ejercicios de respiración.

TRAUMA Y REGULACIÓN ASCENDENTE

Estamos hablando del sufrimiento psicológico como si fuera posible compartimentarlo y el cuerpo no tuviera relación con él, como si toda la clasificación y curación que hay que llevar a cabo ocurriera exclusivamente en el córtex prefrontal. Nos equivocamos. El cuerpo está *muy* implicado y presente en el sufrimiento. Reacciona ante cada pensamiento y marca cada experiencia creando una topografía compleja.

El sistema nervioso es el cartógrafo, que traza cuidadosamente las experiencias en la carne y toma nota de la geografía de tu cuerpo y de qué sucede en cada una de sus partes. La opresión y la pesadez en el pecho significan estar atrapado y silenciado. Un intestino revuelto significa estar nervioso y no ser escuchado. Una tensión punzante en el cuello significa estar abrumado y sin salida a la vista.

Aunque la idea de que la montaña rusa del sufrimiento psicológico arrastra a todo el cuerpo pueda parecernos inquietante, no lo es. Y no lo es porque el cuerpo no está siempre atrapado en ella, y conocer mejor el sistema nervioso permite intervenir en las respuestas automáticas cuando no nos resultan útiles.

La *regulación ascendente* consiste en utilizar el cuerpo para regular las respuestas del cerebro, de una manera que pueda intervenir en la respuesta al estrés. La forma más rápida de hacerlo es apagar el interruptor del sistema nervioso simpático para encender el del sistema nervioso parasimpático.

Como recordarás de la introducción a la neurobiología del capítulo uno, existen dos ramas del sistema nervioso autónomo (SNA): el sistema nervioso simpático (SNS), responsable de la activación, y el sistema nervioso parasimpático (SNP), responsable del descanso y la relajación. Cuando se activa la respuesta al estrés —ya sea por una amenaza actual o por el recuerdo de una amenaza—, el tronco encefálico envía una descarga y el sistema nervioso simpático se pone en marcha, aumentando nuestro estado de alerta, energía y frecuencia cardiaca y respiratoria. Necesitas estas reacciones físicas para manejar la amenaza que tienes delante y sobrevivir. Una vez que la amenaza ha pasado, el sistema nervioso parasimpático entra en escena, ralentizando la activación para que puedas volver a descansar. Actúa como un paracaídas (también es una buena forma de recordar lo que hace cada rama: *para*simpático, *para*caídas). Cuando tiras de la cinta, se abre (toma el control) y te desliza suavemente hasta tierra. Tal vez te tiemblen las manos por la oleada de adrenalina, pero has caído de pie. Estás bien.

La forma más fiable de tirar de la cinta parasimpática es activar el nervio vago, que es el mayor nervio de tu cuerpo, y debe su nombre a la palabra latina *vagus*, que significa 'vagar'. El nervio baja desde el tronco encefálico a través del abdomen y toca casi todos los órganos principales en su recorrido descendente. Está inervado —lo que significa que tiene un sinfín de terminaciones nerviosas— en dos lugares: en la parte posterior de la garganta, donde abandona el tronco encefálico e inicia su camino descendente, y delante del vientre. Esto nos proporciona dos lugares donde podemos activar el nervio vago y desencadenar una respuesta parasimpática (calmante) en el cuerpo. Cuando hacemos esto en presencia de algo que el cerebro ha interpretado erróneamente como una amenaza, podemos interrumpir la respuesta de estrés y volver a un estado de calma.

HERRAMIENTA PARA EL TRAUMA: RESPIRACIÓN DIAFRAGMÁTICA PARA LA RESPUESTA VAGAL

Dado que una de las partes del cuerpo donde el nervio vago tiene la mayoría de sus terminaciones nerviosas es el estómago, existe una herramienta muy sencilla que puedes utilizar para activar la respuesta parasimpática en cualquier momento: la respiración diafragmática.

Cuando estamos estresados, solemos respirar como Gabe cuando tuvimos nuestra primera sesión: respiraciones superficiales y rápidas en la parte superior del pecho que expanden la caja torácica y elevan los hombros. Este tipo de patrón respiratorio, a veces denominado «respiración costal alta» (*costal* de costillas), *no* activa el nervio vago. Para activarlo, debemos tener en cuenta dos cosas: hay que respirar con el diafragma y hacerlo de forma lenta y constante.

El diafragma es un músculo grande situado justo debajo de los pulmones. Cuando respiras y te concentras en los músculos del centro del abdomen, en lugar de en el pecho y la parte superior de los pulmones, deberías sentir cómo se contraen los músculos del abdomen. El diafragma se mueve hacia abajo, dejando espacio para que los pulmones se llenen por completo. Al espirar lentamente, el diafragma se relaja y se mueve hacia arriba, ayudando a expulsar el aire de los pulmones. Este es el tipo de respiración que utilizan los cantantes para aprovechar al máximo su capacidad pulmonar y proyectar su voz al fondo de un teatro. Respirar de este modo ejerce presión sobre el nervio vago y desencadena intencionalmente su respuesta parasimpática, con lo que se desactiva la respuesta simpática y el cuerpo vuelve a calmarse.

Si cuando respiras, sube y baja la parte central del estómago, en lugar del pecho y los hombros, estás respirando diafragmáticamente. Si no consigues desviar la respiración de la parte superior de los pulmones, túmbate bocarriba en el suelo, con las rodillas levantadas y los pies apoyados en el suelo. Esta postura enviará de forma natural la respiración hacia el estómago. Por eso le pedí a Gabe que se tendiera en el suelo para respirar; veía que su respiración habitual no era diafragmática y quería que pudiera sentir rápidamente los efectos de esta. Una vez que experimentes la respiración diafragmática, puedes intentarlo de pie.

Normalmente, para activar la respuesta vagal, necesitarás hacer de tres a seis respiraciones diafragmáticas lentas y constantes. Puedes probarla ahora siguiendo estos pasos:

Paso 1. Tómate un momento solo para percibir lo que sientes en tu cuerpo. ¿Tienes el corazón acelerado? ¿Te sientes agitado y estresado? Sitúate en el espacio, siente la silla o el suelo y cómo te sostienen y te sirven de apoyo.

Paso 2. Inspira profunda y lentamente, tratando de dirigir la respiración hacia el centro del estómago y expandiendo el centro todo lo que puedas. El diafragma está justo debajo de la caja torácica, y si inspiras hacia él, el pecho y los hombros deberían moverse muy poco o nada.

Paso 3. Aguanta la respiración durante dos o tres segundos, si puedes. Siente los músculos del abdomen y la presión del aire que has tomado.

Paso 4. Exhala poco a poco hasta expulsar todo el aire, empujando los músculos de la parte media del abdomen hacia dentro y acercándolos entre sí, como si estuvieran apretando un corsé alrededor de tu cintura.

Paso 5:. Repite este mismo patrón de tres a seis veces.

Paso 6. Toma nota de lo que sientes ahora en tu cuerpo y de cómo ha cambiado desde que empezaste. Es probable que sientas una mayor tranquilidad y que percibas menos tensión en el cuerpo.

Si practicas este tipo de respiración dos o tres veces al día, empezarás a notar un aumento de la calma. Estás protegiendo tu sistema de los factores estresantes cotidianos, tanto si esos factores estresantes proceden de recuerdos traumáticos como si no. Puedes practicar esta respiración *en cualquier momento* que quieras con el fin de obtener el beneficio de la respuesta parasimpática; no hace falta que empieces a sentir pánico para ponerla en práctica.

Recuerda: por muy mal que te sientas, y sea cual sea la situación por la que estés pasando, te bastan de tres a seis respiraciones para empezar a recobrar la tranquilidad y sentirte un poco más en paz y en control. Puede que el trauma te haya hecho sentir una sensación de desconexión con tu propio ser; sin embargo, tu respiración y tu cuerpo *siempre* estarán ahí para ayudarte.

HERRAMIENTA PARA EL TRAUMA: EJERCICIOS DE CONEXIÓN CON LA TIERRA

Hay una segunda herramienta de afrontamiento escondida dentro de la anterior. Antes he explicado que si no consigues localizar el diafragma, debes tumbarte en el suelo. Tenderte en el suelo no solamente facilita llevar la respiración al punto adecuado para la respuesta vagal, sino que, como recordarás de la introducción, puede considerarse un ejercicio de conexión a tierra.

En general, el enraizamiento es una técnica terapéutica que se utiliza para ayudarte a afrontar el hecho de sentirte desbordado por una situación. Se llama *enraizamiento* porque ese es su objetivo: conectarte con la tierra, devolverte al presente, anclarte al momento y detener las emociones abrumadoras y envolventes que se están apoderando de ti. Las emociones intensas tienden a separarnos de nuestro cuerpo, pero volver a conectar con él te ayuda a rebajar su intensidad. Los ejercicios de enraizamiento están diseñados para intervenir en el sistema de respuesta al estrés y con el tiempo, cuando se practican a menudo, te permiten regular la reacción de tu cuerpo. Esto puede ser de enorme ayuda a la hora de gestionar los recuerdos traumáticos, el pánico y los estragos que todo esto causa en el organismo.

Los ejercicios de conexión a tierra a veces parecen ridículos, pero suelen ser tremendamente eficaces. Pueden llevarse a cabo en cualquier momento y lugar, normalmente sin que nadie se dé cuenta de lo que estás haciendo. Así que es una buena idea añadir un par de ellos a tu caja de herramientas para cuando estés en medio de una reunión o en un atasco. Recuerda: ¡el enraizamiento funciona con cualquier emoción abrumadora! Utiliza un ejercicio de conexión a tierra siempre que sientas estrés, irritabilidad o dificultades para concentrarte.

A continuación, veremos cuatro de mis ejercicios de conexión a tierra favoritos:

Escaneo corporal sentado. Empieza por sentarte tocando el suelo con los dos pies. No importa cómo te sientes en cuanto a tu postura, pero asegúrate de que ambos pies están firmemente apoyados en el suelo. También es posible que sentarte sobre las manos te ayude a sentir más tu cuerpo. Al sentarte, empieza a notar qué sientes. Intenta describir mentalmente (o en voz alta, si puedes) cómo se sienten las distintas partes de tu cuerpo, con el mayor detalle posible. ¿Sientes el suelo liso y frío? ¿Es cálido y suave? Mueve los dedos de los pies y piensa en cómo se sienten en la alfombra (o en la baldosa o la madera o lo que sea). Ve dirigiendo tu atención hacia las piernas y la espalda y descríbete a ti mismo la sensación de estar sentado en la silla. Fíjate en cómo descansa el cuerpo en ella; fíjate en cómo descansan los pies en el suelo. Sentarse con los pies en el suelo es una postura que te permite sentir fortaleza y a la vez tranquilidad, pero también puedes hacer esta exploración corporal acostándote en el suelo, donde hay más superficie para sentir.

Muévete conscientemente. A veces, sencillamente no puedes estar sentado. Si te sientes demasiado inquieto para permanecer sentado, ¡no pasa nada! Puedes levantarte y moverte sin dejar de practicar la conexión a tierra. No importa si te mueves lenta o rápidamente, la clave está en prestar toda la atención que puedas a la sensación que te produce moverte.

Si el movimiento que eliges es caminar, lleva tu atención a los pies. Observa cómo se sienten los talones y luego las almohadillas de los pies cuando das un paso adelante. Observa cómo se desplaza tu peso de una pierna a otra mientras caminas. Fíjate en los ruidos que hacen tus pies al moverse por el suelo. Cuando tu mente divague (porque lo hará, y no hay ningún problema), vuelve a centrarte en esta percepción. Si tienes problemas para centrar tu atención, empieza a contar tus pasos mientras caminas. Cuenta diez pasos, luego diez pasos más y otros diez, hasta que empieces a sentirte más relajado y presente. Si el movimiento que eliges es balancearte de izquierda a derecha en tu silla, lleva la atención a la espalda o a los hombros. Observa cómo el peso se desplaza de un lado a otro. ¿Dónde sientes eso en tu cuerpo? Si te mueves en una silla de ruedas, puedes notar la sensación de las ruedas bajo los dedos, la de los brazos al moverse hacia delante y hacia atrás. Dondequiera que puedas llevar tu atención, sigue llevándola suavemente de vuelta cuando se desvíe de su foco.

Imaginería guiada. ¿Sabías que nuestro cuerpo responde a las imágenes fuertes como si fueran reales? No necesitas estar en un lugar tranquilo para *sentirte* en paz. Respira lenta y profundamente y, si puedes, cierra los ojos. Imagínate en un lugar que te haga sentir paz. Puede ser la casa de un ser querido o un lugar al que solías ir de vacaciones. Incluso un sitio en el que nunca hayas estado. Jamás he estado en una playa tropical, pero me encanta imaginarme sentada en una playa de arena blanca y agua cristalina. Me imagino oyendo cómo se mecen suavemente las olas. Imagino el sol sobre mis hombros, el canto de los pájaros y los niños jugando. Bastan solo cinco minutos de visita a mi playa imaginaria para calmarme y cambiar radicalmente mi estado de ánimo.

Siente el agua fría. Hay algunos datos iniciales realmente interesantes (aunque algo contradictorios) sobre el impacto de la inmersión en agua fría en la salud mental. Si bien los investigadores aún no se han puesto de acuerdo, a mí me resulta muy eficaz aplicarme agua fría o hielo en la piel cuando sufro ansiedad o un ataque de pánico. De hecho, esta práctica de enraizamiento es casi siempre mi primera opción cuando me entra el pánico. La idea general es la siguiente: échate agua en la piel. Agua tan fría como puedas soportar, incluso congelada. Mójate la cara o las manos con agua fría. Ponte cubitos de hielo en las manos o en la boca. Colócate una bolsa de hielo en el pecho, la cara o la nuca. Donde sea y como sea, concéntrate en el frío. Solo tienes que ocuparte de eso: sentir el frío. Eso te devolverá al momento.

Recuerda: ¡estos ejercicios de conexión a tierra sirven para cualquier emoción abrumadora! Utilízalos cuando te sientas estresado o irritable, o cuando no puedas concentrarte. Si ninguno de estos ejercicios te funciona, no te preocupes, ¡hay miles! Si quieres más opciones para conectarte a tierra, consulta la sección «lecturas recomendadas» para este capítulo. He enumerado algunos libros que ofrecen prácticas adicionales de enraizamiento con base científica. Puedes probar otros para descubrir cuáles funcionan mejor en tu caso.

CAPÍTULO 4

El dolor referido de Grace

No existen los traumas con «T» mayúscula y «t» minúscula

El dolor tiene un elemento de vacío.
Emily Dickinson

Hay mil cosas alucinantes sobre el dolor, y el dolor referido es una de ellas. El dolor referido es el fenómeno por el cual el síntoma y el origen del dolor no coinciden, es decir, el dolor que sientes en una parte del cuerpo procede de otra.

Es un fenómeno por el que siento una extraña debilidad. El dolor referido tiene algo de travesura. No se puede explicar del todo. Desafía el lenguaje y se aleja de la fuente justo cuando está a punto de ser atrapado. Sin embargo, esta debilidad está fuera de lugar, porque el dolor referido puede ser muy peligroso. El caso más habitual de dolor referido es cuando un infarto aparece como un dolor de muelas. Un paciente acude al dentista con dolor de muelas, suponiendo que habrá alguna forma algo dolorosa, bastante cara, pero relativamente fácil de curarlo. Para su sorpresa, el paciente no recibe novocaína, sino que es trasladado en ambulancia a urgencias.

El dolor referido es un caso en el que alguien está, por un lado totalmente en lo cierto y por otro totalmente equivocado sobre la experiencia que está viviendo. Decir que el paciente se *equivoca* cuando va al dentista porque le duelen los dientes no es exactamente correcto. El dolor *está* en la mandíbula. No obstante, no empezó en esa parte y tampoco puede curarse ahí.

Como ocurre con la mayor parte de las cosas, lo que sucede físicamente tiene un reflejo psicológico. El dolor referido también puede darse en la psique. A veces, lo que creemos que causa el dolor no es en realidad el causante. Esto es exactamente lo que le pasa a Grace.

Grace presenta todos los síntomas clásicos del trauma. De hecho, cuando acudió al psiquiatra con su seguro médico, le diagnosticaron un trastorno de estrés postraumático en toda regla. Tiene pesadillas constantes y pensamientos invasivos, le cuesta concentrarse y se encuentra en un estado continuo de sobresalto. Su autoestima empieza a desmoronarse. Estos cambios en su forma de percibir el mundo y de moverse por él le hacen creer que está perdiendo la cabeza, que hay algo terriblemente malo en ella. Y pensar esto la lleva a un colapso casi total. Se siente tremendamente culpable por pequeños errores en el trabajo y se pasa la noche en vela obsesionada con las equivocaciones que comete con sus amigos. Dedica su tiempo libre a analizar sus relaciones pasadas para descubrir cuáles han sido *sus* fallos. Todos estos síntomas son desagradables e inquietantes, pero lo que más angustia le causa es que ha empezado a evitar los viajes que forman parte de su trabajo, una actividad que antes le encantaba y que para ella tiene una gran importancia.

El hecho de que presente estos síntomas no tiene nada raro, teniendo en cuenta su puesto. Grace es la encargada de intervenir en primera instancia cuando sucede alguna catástrofe, y para eso viaja a los lugares en los que se producen. Acude a mí porque se da cuenta de que su terapeuta no tiene muchos conocimientos acerca de cómo funciona la respuesta al trauma y cómo afecta al cerebro. Quiere más apoyo, educación y herramientas prácticas para sanar.

Tengo la sospecha de que el dolor es referido, de que la respuesta traumática *no* es consecuencia de su trabajo. Porque cada vez que habla de su trabajo, incluso en los momentos más difíciles, se *anima*. Se siente eficaz allí; ayuda a la gente en cuestiones importantes. No le supone ningún problema ser la primera en acudir al lugar, inmediatamente después de que se produzca un desastre, y no da la impresión de que presenciar estas catástrofes le haya hecho creer que el mundo es inseguro o perverso.

Todos los conocimientos que le transmito sobre experiencias traumáticas le resuenan, pero cuando intentamos aplicarlos a situaciones concretas relacionadas con

113

el trabajo, la resonancia cesa. Las pesadillas persisten, su reacción de sobresalto sigue siendo exagerada y ha empezado a experimentar síntomas gastrointestinales intensos que afectan a su capacidad para trabajar y socializar. Las intervenciones que yo realizo abordan el dolor, pero no el origen.

Una noche, durante una sesión, dejo de lado el tema del trabajo y vuelvo a una ruptura reciente que ha mencionado de pasada un par de veces. Cada vez que saco el tema, se ríe y dice: «No es necesario que hablemos de *eso*». Esa noche le pregunto por qué no quiere hablar de ello.

«Bueno —dice, suspirando profundamente—, no parece que sea tan importante. Desde luego, no lo suficiente como para hablar de ello *aquí*. Fue una relación de dos años, por el amor de Dios, no un matrimonio. Hablo con gente todos los días sobre tragedias que te destrozan la vida. Ayer mismo, hablé con una madre que estaba tratando de superar la pérdida de sus cuatro hijos en un ataque terrorista. Esto no ha sido más que una *puta ruptura*».

Su lenguaje es despectivo y despreocupado, pero sus expresiones faciales y su lenguaje corporal cuentan otra historia. Cuando habla de trabajo, mantiene la cabeza alta y le brillan los ojos. Su actitud es comprometida y dinámica. Cuando habla de su ruptura, se encorva. Sus hombros se hunden y sus ojos se clavan en el escritorio. Palidece y, cuando por fin levanta la cabeza para repetir «solo fue una estúpida ruptura», veo que se le han llenado los ojos de lágrimas.

Su trabajo es el dolor de muelas. La separación es el infarto.

Comienzo a hablarle de la vulnerabilidad. No solamente del tipo de vulnerabilidad que se produce cuando empezamos a salir con alguien o cuando contamos un secreto que nunca habíamos compartido. El tipo de vulnerabilidad que corre como el agua por debajo de *todo*.

Ser humano significa, en parte, ser extremadamente vulnerable y, lo que es peor, ser muy *consciente* de esa vulnerabilidad. Aprendemos a ignorarla, es decir, a no prestar atención al hecho de que, en el momento menos pensado, podemos perder todo lo que amamos y apreciamos por razones que escapan a nuestro control. Y, para ello, recogemos toda esa vulnerabilidad que tenemos, la metemos en una caja de cristal y la colocamos en todo lo alto del armario. Esta no es una forma destructiva o falsa de evitar la vulnerabilidad. Es una cuestión de supervivencia.

Imagina cómo sería la vida si tuviéramos presente esa vulnerabilidad a todas horas.

Imagínate que te despiertas por la mañana y te quedas un rato acurrucado con tu pareja. Sin embargo, en lugar de disfrutar de la sensación de calidez y amor de ese abrazo somnoliento, sientes cómo el miedo te sube a la garganta al pensar que tal vez algún día pierdas eso que tanto amas, y que ese día podría ser mañana. Si continúas acurrucado durante un buen rato, al final, te costará levantarte de la cama. Saltarás de ella para escapar de la angustia y, al hacerlo, puede que tropieces con tu gato y te des cuenta de que a tu querida mascota seguramente no le quede mucho tiempo en este mundo, puede abandonarlo en cualquier momento. Preocupado, te agachas para acariciarla y enseguida te das cuenta de que, si no te arreglas pronto, llegarás tarde al trabajo. Te encanta tu trabajo y ahora te preguntas si podrías perderlo. ¿Qué harías entonces? ¿Por qué esa precariedad en el empleo? ¿Por qué no hay nada que sea seguro de verdad? Mientras te apresuras en la ducha, es posible que te lamentes por el envejecimiento de tu piel y empieces a preguntarte si tu salud te está fallando, aunque no seas consciente de ello.

¿Te das cuenta? Cuanto más piensas en lo vulnerables que sois tú y tu mundo, más te alejas del momento presente; momento que, por cierto, se te está escapando ahora mismo. Una vez que sacas de la estantería esa caja de cristal que contiene toda tu vulnerabilidad y la abres, es difícil recogerla y volver a cerrar la caja.

Esta es una de esas contradicciones exasperantes de la vida que no se pueden superar. Hace que todo sea maravilloso y terrible, delicioso y doloroso, a la vez. El hecho de que podamos perder cualquier cosa y todo lo que amamos en cualquier momento y por cualquier motivo es, al mismo tiempo, una faceta innegable de la existencia humana que no podemos evitar y algo que debemos intentar ignorar en su mayor parte, porque si no, no podríamos vivir. ¿Lo ves? El dolor tiene un elemento de travesura.

Y así, como una pequeña y brillante estrategia de afrontamiento, colocamos esa caja en todo lo alto de un armario y, de manera inconsciente, adoptamos la postura de que la mayoría de las cosas de nuestra vida cotidiana son seguras, podemos contar con ellas y no preocuparnos. Estas son las consecuencias de guardar la caja de todo lo que es frágil y vulnerable en lo alto del armario: que podemos disfrutar del abrazo somnoliento con nuestra pareja y dar por sentado que volveremos a hacerlo mañana. Que al tropezarnos con el gato nos permitimos el lujo y la osadía de gritarle, dando por hecho que esa tarde no se saldrá a la calle y lo atropellarán. Que nos preparamos para ir a trabajar sin darle muchas vueltas, duchándonos y arreglándonos sin prisas, y ni se nos pasa por la cabeza que podríamos llegar unos minutos tarde.

Dejamos a un lado toda nuestra vulnerabilidad para poder vivir el momento presente y experimentar todo ese sinfín de emociones que existen aparte del miedo a la pérdida que podría producirse en cualquier momento. Hacerlo no niega la vulnerabilidad, pero nos permite vivir con ella. De vez en cuando asoma y nos deja sin aliento, pero la mayor parte del tiempo, la caja de nuestra infinita vulnerabilidad permanece cerrada, en todo lo alto del armario.

Y esto es así hasta que algo violento se abalanza sobre ella y la derriba, haciéndola caer al suelo. De repente hay cristales y vulnerabilidad por todas partes, y esa vida con la que contábamos, todo aquello que dábamos por sentado, se muestra como lo que de verdad es: *pérdidas potenciales*. ¿Qué será lo próximo que perdamos? ¿Cómo y con qué rapidez nos sorprenderá? ¿De qué nos arrepentiremos al darnos cuenta de que es demasiado tarde?

Esta es una de las consecuencias de las experiencias traumáticas que las hacen tan profundamente demoledoras: la herida no se limita a un punto. Repercute en *todo*. Le imprime significado a la totalidad de nuestra vida. Además de lidiar con las secuelas del suceso traumático concreto, nos enfrentamos a la verdad aterradora que ese suceso conlleva: que una vulnerabilidad revela todas las demás vulnerabilidades. Esta es una verdad contagiosa que se extiende inmediatamente al resto de nuestra vida, oscureciéndola e impregnándola de miedo, por lo que, en poco tiempo, puede volverse insoportable.

Cuando se lo explico a Grace, se pone a llorar. Empieza a hablar entre sollozos: «Vivíamos juntos. Yo nunca había vivido con nadie. Queríamos comprar una casa y estábamos buscando. Hablábamos de tener hijos, de casarnos. Un sábado miramos una casa preciosa, y al sábado siguiente, tomó el coche y se fue a Chicago para mudarse con su nueva novia. Lo peor es que antes de eso no había pasado nada. Ni siquiera nos peleamos. Simplemente, ¡se acabó! De repente, me quedé allí pasmada junto al camino de entrada a casa viendo cómo se alejaba su coche... Sigo sin entenderlo, y él tampoco me dio nunca una razón. Había conocido a la otra chica por Internet. Se fue con ella a llevar a cabo todos los planes que habíamos hecho juntos».

Aquel hombre desapareció de la vida de Grace, de su presente y de su futuro. Y en su huida volcó la caja donde guardaba tan cuidadosamente su infinita fragilidad. Ahora hay cristales rotos y pavor esparcidos por toda su vida. Peor aún, como Grace no cree que una «estúpida ruptura» pueda causar tanto daño, siente vergüenza de sí misma y ha tratado de convencerse de que todos esos cristales rotos ni siquiera están allí, aunque los pise a diario.

No consigue dormir porque su mente está demasiado ocupada intentando encontrarle sentido a aquel sinsentido. Obviamente, no había captado las señales de que su relación iba mal y su novio estaba a punto de dejarla. ¿Qué más cosas podrían pasársele por alto si deja de dar vueltas, vigilante, de un lado para otro? No le entra la comida, porque sabe, a nivel inconsciente, que alimentarse significa comprometerse con un futuro que a ella le parece del todo absurdo y hostil. Tampoco puede viajar, porque no siente que tenga una vida mínimamente segura de la que alejarse y a la que regresar. Incluso el trayecto al trabajo le parece vagamente peligroso. ¿Qué podría ocurrirle a su casa mientras está fuera? ¿Qué podría ocurrirle a ella?

Es muy *difícil* avanzar en una vida en la que, de repente, nada tiene sentido.

Lo que importa no es únicamente el acontecimiento traumático, sino también lo que este *significa*. En el caso de Grace, no es solo la experiencia traumática lo que se interpone en el camino de la curación, sino también, en gran parte, la opinión y la visión que tiene de esa experiencia. La vergüenza que siente por haber sufrido tanto por una ruptura se interpone como una roca en su camino.

Este juicio y esta vergüenza no han nacido de la nada, sino que han sido creados y fomentados por la mentalidad y los juicios de la sociedad.

Grace se juzga a sí misma por el dolor que siente, en lugar de darse cuenta de que el dolor es referido e intentar tratarlo en su origen. Está muy influida por una concepción social que ve el trauma como algo extremadamente grave, y ha decidido que esta pérdida, esta ruptura, no cuenta. No puede permitirse el lujo de sentirse así por esta pérdida porque «fue una tontería», «solo había sido una relación de dos años» y «hay traumas más graves. Lo veo todos los días».

Le explico tres conceptos fundamentales:

1. El amor y la pérdida no son nunca una tontería.
2. Era una relación de dos años, pero estaba llena de futuro que habían planificado juntos hasta el menor de los detalles. Cuando estamos de duelo, tenemos la tarea de llorar no solo la pérdida de la persona que ha salido de nuestra vida, sino también el futuro que habíamos proyectado con ella. Ese futuro se nos presenta de una forma que no habíamos anticipado y, por eso, la tarea del duelo no termina inmediatamente, sino que se prolonga en el tiempo.
3. El hecho de que haya «grandes traumas» no niega la existencia de «pequeños traumas». De hecho, esta distinción no tiene ningún sentido.

A continuación, vamos a profundizar en el número 3.

TRAUMA GRANDE, TRAUMA PEQUEÑO

La distinción entre Trauma con «T» mayúscula y trauma con «t» minúscula procede, como sucede con gran parte del lenguaje que se aplica a la experiencia traumática, de un auténtico profesional clínico y en un principio tenía un propósito claro que hemos terminado olvidando *por completo*.

En 1987 Francine Shapiro desarrolló la desensibilización y reprocesamiento por movimientos oculares (EMDR, por sus siglas en inglés). Por aquel entonces, no existía una distinción clínica entre los tipos de experiencia traumática. Según el DSM, un estresor traumático era cualquier experiencia «generalmente fuera del rango de las vivencias humanas habituales, que evoca síntomas de angustia significativos en la gran mayoría de las personas».[1] La característica principal de la experiencia traumática era su singularidad, el situarse fuera de lo normal.

Shapiro descubrió que la EMDR, en cuya dinámica me detendré más adelante, era, de hecho, una herramienta útil para quienes habían experimentado acontecimientos que estaban «generalmente fuera del rango de las vivencias humanas habituales». Les ayudaba a recalibrarse después de que lo anormal hubiera trastornado su sentido de la realidad. Y, al mismo tiempo, sospechaba que el protocolo EMDR sería útil para experiencias que evocaban un estrés significativo en muchos individuos, pero que no estaban fuera del rango de las vivencias humanas habituales. Las humillaciones y decepciones de la infancia, por ejemplo, no se reconocerían clínicamente como acontecimientos traumáticos, ya que, por desgracia, entran totalmente dentro del rango de lo que es una vivencia humana cotidiana. No obstante, podrían dejar «efectos negativos comparables y duraderos» que erosionen nuestra autoestima y nuestra confianza en el mundo exterior. Shapiro descubrió que los efectos de estos traumas más habituales podían mitigarse utilizando la EMDR, aunque la naturaleza del factor estresante no se calificara de traumática desde una perspectiva clínica. Si la EMDR se limitara a las personas que hubieran experimentado un factor estresante que contara como traumático desde el punto de vista clínico, quienes sufrieran un dolor similar, pero por motivos distintos, quedarían al margen.

Con objeto de legitimar las experiencias que no se tenían en cuenta en los estudios sobre el trauma, sin tener que contradecir al *Manual diagnóstico y estadístico de los trastornos mentales* (DSM) y a toda la institución psiquiátrica que lo apoyaba, Shapiro acuñó la expresión *pequeños acontecimientos traumáticos*. *No* se trataba de un intento de crear una distinción jerárquica entre dos tipos de acontecimientos traumáticos. De hecho, era todo lo contrario. Afirmaba que estos dos tipos de sucesos son prácticamente *idénticos* desde el punto de vista neurobiológico, por lo que los efectos negativos de ambos pueden tratarse de forma eficaz mediante la EMDR.

Cuando Shapiro introdujo esta distinción entre sucesos traumáticos con «t» minúscula y mayúscula, simplemente intentaba nivelar el terreno de juego, eliminar parte del juicio para que la intervención que había desarrollado pudiera aplicarse allí donde pudiera ser eficaz. Pese a que la distinción entre trauma con «T» mayúscula y minúscula tenga una base muy legítima, esto no garantiza la validez de su uso actual. Nuestra inclinación por las categorías, distinciones y jerarquías ha hecho que reinterpretemos esta terminología y la empleemos para avergonzarnos.

No está claro cómo se ha producido esa tergiversación del lenguaje. Oigo a menudo las expresiones *trauma con mayúsculas y con minúsculas* o *trauma con «T» mayúscula y con «t» minúscula*, y nunca se utilizan para dar *más* legitimidad a una experiencia. Por el contrario, solemos calificar de «minúscula» a nuestra experiencia traumática para asegurarle a quien nos escucha que somos conscientes de que otros tienen problemas mucho más graves. O bien llamamos «mayúscula» a nuestra experiencia para explicar que nuestro sufrimiento está justificado en comparación con el de alguien que solo experimentó el trauma «con minúscula».

Esta distinción que percibimos entre las experiencias de quienes sufren un trauma revela un problema mucho mayor con la forma en que este se define clínicamente. El mundo clínico ha intentado definir el trauma empezando por el *tipo* de acontecimiento en lugar de por la forma en que el acontecimiento se experimenta. Esto significa que comenzamos el estudio de la experiencia traumática con un juicio. Cuando alguien muestra los síntomas de una respuesta traumática que se ha quedado permanentemente activada, pero el factor estresante al que estuvo expuesto (acoso en el trabajo, por ejemplo) no pasa la prueba de la definición de acontecimiento traumático, no nos detenemos para cuestionarnos la validez de la *definición*. Lo que hacemos es cuestionar a *quien sufre*. Si el factor estresante no se ajusta a nuestra definición, los síntomas que esta persona experimenta *deben* obedecer a su propia debilidad, enfermedad o falta de resiliencia.

Esta distinción no solo causa problemas para los sucesos que supuestamente no cuentan como traumáticos, sino para los que *sí* lo son, según el DSM. Así, dos soldados de combate desplazados en el mismo destino pueden vivir la experiencia de forma radicalmente distinta. Uno podría volver a casa y padecer TEPT durante años, mientras que el otro se reintegra rápida y satisfactoriamente, sin problemas. En este caso, podríamos culpar al que tiene dificultades, señalando a su camarada como ejemplo: «Bueno, parece que él lo lleva bastante bien. ¿No será que tienes algún otro problema de ansiedad subyacente? ¿No? Hummm. Bien, ¿es posible que estés utilizando este supuesto TEPT para evadirte de algo?». También podríamos culpar al que no tiene problemas, poniendo en duda que de verdad lo esté llevando bien: «Los traumas son muy comunes entre las personas desplegadas en esa parte de

Afganistán. De hecho, algunos miembros de tu brigada lo están pasando fatal. ¿No te estarás anestesiando con el alcohol?». Cuando empezamos nuestra indagación con un juicio, deja de ser propiamente una indagación.

Es fundamental reconocer hasta qué punto el lenguaje moldea cómo vivimos las experiencias. En parte, esto explica por qué Grace no era capaz de reconocer su propia respuesta traumática duradera. Por eso se pasó meses con pesadillas recurrentes y sin poder comer. Ese es también el motivo por el que, una mañana, de camino al trabajo, vomitó en una papelera de la estación de metro. Y de que se pasara varias semanas planteándose dejar su trabajo, pese a lo importante que era para ella, porque pensaba que *debía* de ser lo que le causaba esos síntomas.

Intentar comparar nuestras experiencias traumáticas con las de otros, y crear jerarquías y categorías, no tiene mucho sentido. Si acaso, es perjudicial. Después de todo, la respuesta al trauma tiene sus raíces en la amígdala, que es una parte del cerebro que no es lo suficientemente sofisticada como para distinguir entre traumas con mayúsculas y minúsculas. La amígdala es demasiado primitiva para aprender siquiera el alfabeto. Para esta parte de ti, una amenaza es una amenaza y un trauma es un trauma. Pedirle a este órgano del cerebro que distinga entre un trauma grande y uno pequeño es como pedirle a la alarma de humos de la cocina que distinga entre el humo de cocinar beicon y el de un incendio doméstico. *Imposible*.

La pregunta que debes hacerte no es si *los demás* pensarían que tu experiencia es traumática, sino si lo fue para *ti*. Si no estás seguro, echa un vistazo a todo aquello con lo que cuentas y das por sentado. ¿Está intacto? ¿Eres capaz de mantener a distancia la comprensión de que somos infinitamente vulnerables y estar presente en tu vida diaria? ¿O la caja de la vulnerabilidad infinita se cayó de lo alto del armario y se hizo añicos, dejando tu vida sembrada de cristales rotos y terror?

Esta pregunta es solo el principio. Comprender que el dolor de Grace era referido —que su respuesta traumática había sido activada por el acontecimiento que *ella* experimentó como traumático y no por el acontecimiento que a otra persona le resultaría traumático— era solo el comienzo. Ahora que habíamos encontrado el origen, teníamos que averiguar qué hacer al respecto.

A menudo, para volver a colocar la caja de la infinita vulnerabilidad en todo lo alto del armario, tenemos que recordar a nuestros pobres cuerpecitos que estar aterrorizados continuamente no sirve de nada. La mejor manera de hacerlo es recalibrar nuestro sistema nervioso.

TRAUMA Y REGULACIÓN DESCENDENTE

La mayoría de los síntomas perturbadores de la respuesta al trauma tienen su origen en la memoria. Como recordarás del capítulo tres, el sistema de alarma del cerebro codifica ciertos fragmentos de la experiencia abrumadora como intrínsecamente amenazadores. Cuando algo en nuestro entorno interno o externo trae una o más de esas piezas a nuestra consciencia, la alarma del cerebro se dispara y el sistema nervioso se acelera.

Esta respuesta puede ser problemática en muchos aspectos. Uno de ellos es que no puedes volver a guardar la caja de vulnerabilidad infinita en la estantería y dedicarte a disfrutar de la vida. Cuando tu sistema de respuesta al estrés está activo a todas horas, es muy fácil que te fijes en las mil y una formas en que el mundo es potencialmente peligroso y te pierdas por completo lo que está sucediendo en el momento presente. Nos obsesionamos con nuestra vulnerabilidad, las infinitas pérdidas que podrían producirse y todo el dolor y el horror que pueden surgir en nuestras vidas. Ese terror nos roba nuestro presente al mezclar problemas de nuestro pasado y nuestros miedos al futuro, que hacen metástasis cuando vivimos desde la amígdala.

Tu memoria necesita un poco de organización y volver a archivar ciertos recuerdos para sanar tu trauma y evitar que sigas sintiéndote así. A modo de repaso rápido, cada archivo de la memoria a largo plazo contiene tres cosas: una narración coherente del suceso, el contenido emocional de este y una etiqueta (o varias etiquetas) que le asigna un significado. Cuando un archivo está organizado y bien integrado, puedes encontrarlo en el momento en que lo necesites, hojear su contenido y volver a guardarlo, todo con relativa facilidad.

Por ejemplo, si te preguntara cómo fue el día de tu boda, podrías empezar por el contenido emocional, como: «Fue el día más bonito y emocionante». Al repasar ese contenido emocional, es probable que sientas algunas de esas emociones, porque así es como funciona este tipo de memoria. Al hablar de ese día, sonríes y sientes un cálido resplandor en el centro del pecho. A continuación, tal vez te sumerjas en el contenido narrativo y me des una cronología básica del día, sobre cómo fue la planificación y cómo te preparaste con todas tus damas de honor y os hicisteis fotos haciendo payasadas mientras os maquillabais juntas. Puede que te tropieces con un recuerdo divertido en el que hacía tiempo que no pensabas y te rías. Y un momento después, quizá me cuentes un brindis muy emotivo que te hizo alguien que ya ha fallecido.

En cualquier momento del proceso, si surge algo que requiera tu atención, puedes dejar el archivo a un lado y ocuparte de la interrupción. Por ejemplo, si en medio de la narración tu hijo pequeño entra en la habitación y te dice que tiene hambre y quiere comer algo, puedes cambiar de tema fácilmente. Podrías mantener una conversación con él sobre qué tipo de merienda quiere, preparársela, ayudarlo a comerla y mandarlo de vuelta a la sala de juegos. Esto es señal de que el recuerdo está bien integrado: puedes ocuparte de él y guardarlo cuando lo necesites.

Otro signo de que un recuerdo está integrado es que tiene un conjunto de etiquetas que le asignan un significado en el arco más amplio de tu yo narrativo. Si te preguntara qué significa para ti el recuerdo de ese día, podrías etiquetarlo como: *el mejor día de mi vida, el comienzo de un camino muy largo, la mejor decisión que he tomado nunca.* Esas son las etiquetas del archivo. Lo que este recuerdo significa para ti es tan importante como el contenido del archivo. Los archivos también pueden cambiar con el tiempo. Si tu matrimonio se acabara de repente, podrías volver a etiquetar ese archivo con etiquetas diferentes: *la decisión más ingenua que he tomado nunca, el principio del fin, un acontecimiento con el que me gustaría tener una segunda oportunidad.*

La mayoría de nuestros recuerdos se parecen en cierta medida a lo que acabamos de ver y están más o menos integrados. Una de las características centrales de los recuerdos traumáticos es que no tienen los elementos que acabamos de ver ni están integrados. Esto es un problema no solo para nuestra memoria, para nuestras pequeñas y ordenadas carpetas y archivadores, sino para la totalidad de nuestro sistema nervioso, porque el sistema de alarma interpreta los fragmentos de memoria, que son cortantes e irregulares, como una amenaza.

Y como sabemos, cuando el cerebro reconoce una amenaza, pone en marcha el sistema de respuesta al estrés. Este sistema cambia las prioridades de los procesos normales del cuerpo para ayudarte a prepararte para la amenaza, de modo que tengas más probabilidades de responder eficazmente y seguir con vida. Esta respuesta es fantástica cuando te persigue un lobo o cuando la alarma de incendios de tu casa salta en mitad de la noche porque un cableado defectuoso en la cocina ha provocado un incendio detrás de la pared. Pero no cuando el cerebro reacciona ante algo inocuo porque hace aflorar un archivo de memoria desorganizado y todas las emociones y respuestas perturbadoras que lo acompañan, en un momento en el que lo único que estás haciendo es intentar cumplir con tu jornada laboral.

De nuevo, esta respuesta se produce por una muy buena razón e indica que tu alarma funciona. Que la alarma de humos salte cuando estás haciendo beicon no quiere decir que no funcione. Sin embargo, cuando la alarma se dispara ante estímulos inocuos, significa que se ha vuelto hipersensible y que le vendría bien una recalibración. Una de las formas en que podemos empezar a recalibrar el sistema de respuesta al estrés es combatir la priorización de las funciones físicas que se produce cuando el cerebro detecta una amenaza. Cuando la amígdala activa el sistema de alarma del cerebro, el flujo sanguíneo y la actividad eléctrica se alejan del córtex prefrontal (que se encarga de muchas funciones, pero la principal es el pensamiento racional y la memoria operativa) y del hipocampo (el buen archivador). Esto puede suponer un tremendo problema cuando intentas acceder a un recuerdo traumático para poder pensar racionalmente sobre él con el fin de cambiar sus etiquetas de significado y reordenar la narración. En realidad, cuando salta el sistema de alarma no logras volver a relatar el suceso, sino que te vuelves a exponer, una y otra vez, a la respuesta traumática. Tu sistema funciona bajo el supuesto de que sigues, o vuelves a estar, en peligro claro y presente.

Cuando el flujo sanguíneo y la actividad eléctrica se alejan de las estructuras cerebrales que necesitamos para trabajar en la memoria traumática, tenemos que intervenir intencionalmente y devolver parte de ese flujo sanguíneo y actividad eléctrica a otras áreas del cerebro (concretamente, al córtex prefrontal y al hipocampo). Esta redirección ralentizará el sistema de respuesta al estrés, lo que hará que el cuerpo se sienta tranquilo en lugar de sobreexcitado.

Cuando utilizamos la parte superior del cerebro para regular nuestro sistema hasta los dedos de los pies, estamos utilizando la *regulación descendente*.

La regulación descendente es una de las razones por las que la EMDR es un medio eficaz de abordar los recuerdos traumáticos. Durante una sesión de EMDR, el profesional empieza por activar tu memoria operativa (que se encuentra en el córtex prefrontal). Para ello, te asigna una tarea que implica tu concentración y tu campo visual. Esta tarea puede variar, pero normalmente se te pide que sigas con la mirada un haz de luz o un objeto en movimiento de un lado a otro. Mientras tu memoria operativa está activada y tu córtex prefrontal tiene flujo sanguíneo y actividad eléctrica, puedes acceder a la memoria traumática y empezar a ordenar el archivo desorganizado con el profesional. Cuando el sistema de alarma comience a saltar, como invariablemente ocurrirá, tu córtex prefrontal puede intervenir y utilizar el pensamiento racional para reconocer que la amenaza no es actual. Con el tiempo, es más probable que tu cerebro reconozca el contenido del archivo de memoria como neutro y no amenazador, y podrás realizar el trabajo necesario para integrar el archivo de memoria.

Es importante comprender que este proceso no borra el contenido emocional del archivo de memoria. No hay nada que pueda hacerlo. Pero sí cambia la *intensidad* del contenido emocional, porque tu cerebro ya no piensa que el contenido emocional va a matarte. Los recuerdos traumáticos nunca se convertirán en recuerdos felices o neutros. Seguirán teniendo contenido emocional, y ese contenido emocional tal vez te hará llorar o sentir ansiedad durante unos minutos. La diferencia es que ya no te secuestrará durante todo el día. Podrás ver la experiencia traumática como un acontecimiento de tu vida —como los demás acontecimientos que has vivido— y tendrás la capacidad de añadirle tu propio significado.

Si tu objetivo de curar el trauma es dejar de sentir por completo, no vas a conseguirlo. Si te hablo de la mañana en que murió mi padre, es probable que se me salten las lágrimas. Puede que sienta que la pena empieza a ahogarme. Este recuerdo sigue teniendo contenido emocional, pero hace tiempo que dejó de ser el tipo de recuerdo que me despierta en mitad de la noche presa del pánico.

Grace se sometió a EMDR y habló del día en que su novio la dejó. Habló de todo lo que perdió con aquella ruptura y de que ahora se sentía infinitamente frágil de un modo que la hacía tambalearse a cada minuto. Con el tiempo, dejó de tener pesadillas. Pudo comer, ir a trabajar e incluso volver a salir con otros chicos. Todavía piensa a veces en lo infinitamente vulnerables que somos, pero la mayor parte del tiempo esa vulnerabilidad está en lo alto del armario, a buen recaudo, en una caja de cristal nueva.

CONCLUSIONES Y HERRAMIENTAS

Cuando suponemos que la respuesta al trauma es un signo de debilidad o disfunción, también solemos pensar que tener huellas duraderas del trauma —ya sea un diagnóstico completo de TEPT o simplemente una vida lidiando con algunos de los síntomas— significa que algo se ha roto en nuestro interior y no tenemos remedio. Asumimos que el acontecimiento traumático y la respuesta al trauma nos han marcado, que ya siempre seremos así y no volveremos a sentirnos en paz. Lo sé porque eso fue lo que creí por mi propia experiencia durante mucho tiempo.

Es mentira.

Los síntomas traumáticos son el resultado de que nuestros sistemas adaptativos naturales se estropean con el tiempo. El sistema de alarma, por ejemplo, se dispara y luego no puede apagarse. Sin embargo, que nuestros sistemas sean maleables significa que, aunque alterar su funcionamiento no sea nada fácil, somos capaces de hacerlo. Te pondré un ejemplo.

Al pertenecer al ámbito de la enseñanza superior y la salud mental, mi trabajo se considera indispensable y durante la pandemia no sufrí la menor interrupción laboral.

No obstante, el cierre afectó mucho a mi tiempo de ocio. Recuerdo estar sentada en mi apartamento un sábado por la tarde de marzo de 2020, pocos días después de que comenzara el confinamiento como medida de protección contra el COVID-19. Me sentía tan ansiosa como un pajarillo y no podía hacer nada de lo que normalmente haría en momentos de estrés. Porque las tiendas y cafeterías se encontraban cerradas. Lo mismo que los estudios de yoga y los gimnasios. Incluso las rutas de senderismo y los parques cercanos habían sido cerrados al público.

«Bueno —pensé, mirando un poco frenéticamente a mi alrededor en busca de algo que hacer—, no voy a poder hacer esto».

Necesitaba entretenerme con algo y animarme un poco. Así que entré en el sitio web de Target y compré lápices de colores, un libro para colorear y caramelos. A medida que avanzaba la pandemia y el confinamiento, el libro de colorear dio paso a un bastidor de bordado e hilo, una máquina de coser y un saco de boxeo con guantes. Trabajé, escribí, vi todo lo que había en Netflix y luego en Hulu, me descargué TikTok, hice galletas, escuché todos los pódcasts del planeta y fui reuniendo aficiones. La mayoría de ellas nunca las habría probado de otro modo, y gran parte de ellas se han mantenido.

Aunque, por supuesto, mucha gente no tenía el privilegio, el lujo o la energía de gastar dinero en pasatiempos, los que lo hacían se dedicaban a ello con avidez. Entre todos, horneamos tanto pan que se acabó la levadura.

Plantamos rosas y hortalizas, aprendimos a tocar nuevos instrumentos musicales y a hablar otros idiomas, caminamos e hicimos senderismo, compramos bicicletas y realizamos entrenamientos de CrossFit y HIIT (entrenamiento por intervalos de alta intensidad) en el camino de entrada a casa. Aprendimos a bailar salsa en el patio. Probamos a pintar con acuarelas y a esculpir con arcilla, y completamos enormes puzles en el suelo del salón.

Algunos incluso convertimos en un *hobby* criticar con dureza las aficiones de la gente. Escribimos artículos de opinión sobre cómo la repostería era otra repugnante manifestación de privilegios y el baile constituía una apropiación cultural. Publicamos en las redes sociales que esos complicados rompecabezas Ombre que solo tenían colores sin imágenes no eran aptos para daltónicos y que cómo nos atrevíamos a hacerlos. No entender nada y luego escribir un artículo feroz al respecto en Medium también puede ser un pasatiempo. Cuando nos dedicamos a avergonzarnos unos a otros y a nosotros mismos, pasamos por alto el asombroso milagro de nuestra respuesta natural ante una situación que nos sobrepasa y las herramientas de afrontamiento, a menudo brillantes, a las que recurrimos sin ser conscientes de lo mucho que las necesitamos y de por qué funcionan tan bien.

Cada una de esas aficiones —especialmente si son nuevas y desconocidas— requiere la intervención de la memoria operativa. Cuando estamos amenazados, activar intencionadamente esta parte del cerebro —que no requiere una acción inmediata— es una forma de restablecer una relativa homeostasis cerebral. Además, muchos de los pasatiempos proporcionan una forma de completar el ciclo de estrés que se pone en marcha cuando nos despertamos con titulares catastróficos que nos informan de más muertes, variantes de virus, disturbios políticos, tiroteos y caída de la economía.

Lo mejor de todo es que buscamos de forma colectiva este tipo de aficiones durante una época de trauma y estrés sin precedentes, sin saber conscientemente lo que hacíamos. Lo hicimos de forma natural.

A menudo nos centramos en técnicas de afrontamiento fruto de la necesidad que acaban siendo perjudiciales: el alcohol y las sustancias para entumecer las emociones que nos agobian, por ejemplo. Los mecanismos de afrontamiento poco saludables son sin duda un tema que merece la pena tratar, sobre todo ahora que nos encontramos en medio de una epidemia de opiáceos que casi ha diezmado a toda una generación. En cambio, si pudiéramos perdonarnos por las estrategias autodestructivas o malsanas a las que recurrimos durante el agobio, aumentaría el número de personas que podrían curarse.

Y si nos juzgáramos y avergonzáramos menos y nos comprometiéramos a llevar luz a la oscuridad prescindiendo de esos comportamientos, veríamos con más claridad de dónde procede el dolor. Cuantas más personas sepan que un infarto de miocardio puede presentarse como un dolor de mandíbula, menos morirán innecesariamente de infarto de miocardio. Y cuantas más sepan que lo que causa el trauma no es la clase de acontecimiento en sí, sino la forma en que lo *vivimos*, más probabilidades tendremos de recuperarnos de las experiencias traumáticas.

HERRAMIENTA PARA EL TRAUMA: EL TETRIS

Si leer sobre EMDR te ha llevado a buscar en Google un profesional, déjate guiar por ese interés. La EMDR es una intervención muy respetada y científicamente acreditada, que apenas presenta efectos secundarios negativos. También puede ser útil saber que su base teórica es la razón por la que te sugiero que añadas el videojuego clásico Tetris a la caja de herramientas que puedes utilizar fuera de la consulta del terapeuta.

Sí, has leído bien: jugar al Tetris en tu teléfono es una herramienta terapéutica.

Varios estudios han demostrado que el Tetris es una terapia complementaria eficaz para el TEPT. Puede mitigar los recuerdos y pensamientos invasivos, ayudar potencialmente a prevenir el desarrollo del TEPT tras un acontecimiento traumático e incluso aumentar el volumen del hipocampo en quienes padecen este trastorno. Los estudios sugieren que jugar a este juego entre veinte y sesenta minutos al día puede reducir tu nivel de ansiedad basal.[2]

Puedes echar mano del Tetris en cualquier momento en que sientas ansiedad o te alteres en el momento equivocado, es decir, en un momento en que no haya una amenaza real o en que haya una que no sea inmediata pero que tu cuerpo crea que lo es (como cuando lees las noticias y te encuentras con amenazas reales ante las que no puedes hacer nada). La razón por la que funciona este juego es la misma por la que la EMDR es tan eficaz: cuando el juego plantea una exigencia a tu sistema visual-espacial, que está en tu córtex prefrontal, se fuerza el flujo sanguíneo y la actividad eléctrica hacia esa zona de tu cerebro y se aleja del sistema de alarma. Esto desactiva eficazmente el sistema de alarma, enviando el mensaje de que lo que se ha detectado como amenaza era una falsa alarma. Con el tiempo, el sistema de alarma se recalibra —se sensibiliza menos— y aprende a activarse solo cuando existe una amenaza real y a desconectarse más rápidamente cuando es falsa. Mete el Tetris en tu caja.

Cualquier otra actividad que suponga una exigencia para tu corteza prefrontal también funcionaría. Solo tienes que ser *consciente* de a qué te dedicas y cómo lo haces. Por ejemplo, mirar las redes sociales puede ser una gran herramienta para reactivar el córtex prefrontal, pero no si lo utilizas para comparar tu vida con la de los demás y acabas sintiéndote inseguro. O si buscas a tus ex y revives momentos de vergüenza y rechazo. O si te peleas con gente cuyas inclinaciones políticas no coinciden con las tuyas. O si respondes a colegas y amigos por obligación. Cuando quiero utilizar las redes sociales para activar mi corteza prefrontal, miro conejitos en Instagram. Y a veces cabritas.

Por norma general, fíjate en cómo te sientes al realizar distintas actividades y deja que eso te sirva de guía. Si al hacer algo te sientes enfadado, molesto o nervioso, significa que tu amígdala está activada y absorbe recursos del córtex prefrontal. En cambio, si la actividad que realizas te hace sentir en paz y requiere cierta concentración, significa que tu corteza prefrontal está conectada y que está recuperando los recursos que habían sido destinados a la amígdala.

CAPÍTULO 5

El reloj de arena de Max

Cuando la pérdida es traumática

Nada puede compensar la ausencia de un ser querido, y sería un error intentar encontrar un sustituto; no nos queda más remedio que aguantar y seguir adelante. Eso suena muy duro al principio; sin embargo, a la vez es un gran consuelo, pues mientras que el vacío que se ha abierto permanezca sin llenar, preservará los lazos que nos unen a esa persona.

Dietrich Bonhoeffer

Max no ha dejado de hablar desde que puse en marcha el reloj de nuestra sesión. Han transcurrido veintidós minutos, y no se detiene ni una sola vez: ni para intercambiar cortesías, ni para tomarse un respiro, ni siquiera para informarse de algo o hacer una pregunta.

—Y lo último que aún no te he dicho es que estoy embarazada. Embarazada. Aunque he pedido cita, porque, claro, no voy a tenerlo. No hago más que pensar en un reloj de arena. Cada vez que cierro los ojos, me lo imagino. Es un reloj de arena, pero la arena no cae despacio, sino *deprisa*. A toda velocidad. En fin, la cuestión es que necesito a alguien a quien pueda contarle todo lo que me pasa, ¿sabes? Quizá eso frene un poco la velocidad con la que cae la arena. Nunca se lo he contado *todo* a nadie. Es demasiado. Una carga demasiado grande. Si me cuesta a *mí*..., ¿cómo podría soportarlo alguien más? Pero el tiempo se escapa y pierdo la noción y no lo sé. Nada tiene sentido. Por eso... ¿crees que puedes ayudarme?

Es como si Max me lanzara un ovillo gigante y retorcido y me dijera: «Toma, esta es mi pequeña vida. Si no la solucionamos rápido, no podré seguir. ¡Ayúdame!».

Tengo la impresión de que ni siquiera me entero bien de todo lo que me está contando. Menciona una gran mudanza, un escándalo en el trabajo, una pelea con su madre que hizo que dejaran de hablarse, la muerte de un amigo, un divorcio y también un embarazo. Pero va todo tan rápido que parece el argumento, totalmente acelerado e incoherente, de una telenovela.

No sé por qué, pero mientras me habla, no puedo apartar de mí la imagen del reloj de arena.

—Mira. Préstame atención un minuto, aunque lo que te voy a decir te parezca que no tiene nada que ver —la interrumpí—. Vamos a trazar un plan y a empezar a arreglar las cosas, pero primero quiero hablarte del arte del serrín.

—¿El arte del serrín? —Max me miró muy sorprendida, quizá un poco contrariada.

—Sí. Ya sé. Mis estudiantes me dicen que a veces soy incoherente y que suelto lo primero que me viene a la cabeza. Pero ya verás, ya verás como tiene relación con lo que me has contado.

»Todos los años, en el mes de junio, se celebran en Italia los festivales de La Infiorata. Durante toda la noche, los artistas construyen hermosas e intrincadas alfombras a lo largo de las calles utilizando serrín de colores (antes empleaban flores, pero hoy en día la mayoría se crean con serrín de colores). Usan pequeños tamices, filtros, plantillas y pinceles, para hacer obras de arte de una belleza que cuesta trabajo describir, y las elaboran allí mismo, en plena calle. Es impresionante, complejo, extraordinario. Se quedan despiertos toda la noche, y el festival está organizado para que puedas pasear y ver cómo crean. Los cafés también permanecen abiertos. Nadie se acuesta.

»Luego, en cuanto sale el sol por la mañana y todas las obras de serrín están terminadas, una procesión religiosa las atraviesa, lanzando por los aires el serrín que tanto les ha costado colocar. Y así, sin más, desaparece toda esa esmerada belleza. ¡Puf!

»Nunca me olvido de este arte del serrín porque, en ocasiones, pienso que la vida es así: intensa, sobrecogedora, efímera. A veces lo aprecio y me maravillo, pero otras veces me frustra y me parte el alma. Es difícil no verlo todo como si estuviera a punto de desaparecer, ¿sabes?

Mientras le hablo, Max vuelve a sentarse en su silla. Sus hombros se relajan. Por fin se toma un respiro. En cuanto termino de hablar, se inclina hacia delante y empieza a acelerarse otra vez. Todo su ser vibra de emoción.

—¡Sí! Lo sé. Claro que lo sé. Es exactamente eso. Solo que siento que no me va a dar tiempo a finalizar mi obra de arte. Es como si la procesión viniera de camino y no pudiera terminarla y dijera para mis adentros: «¡Esperad! ¡Esperad! Dejadme unos minutos más, ¡todavía me queda mucho por hacer! ¡La mañana ha venido demasiado deprisa!».

Conozco *muy bien* esa aceleración. Aunque Max tiene varios problemas, aparentemente sin conexión, te diría, sin miedo a equivocarme, que lo que más le angustia es la muerte de su amigo. Apuesto a que esta pérdida le estalló encima como una bomba y que lo demás no son más que esquirlas de metralla que sigue encontrando esparcidas por todo su cuerpo.

¿Has visto cómo en las películas de acción, después de una gran explosión, el protagonista salta por los aires, cae de espaldas sobre el cemento y se queda un rato aturdido con los oídos zumbando e incapaz de ver con claridad? Esa es la situación de Max. La única diferencia era que ella permanece así. De manera que la película continuó sin ella, y Max sigue sin aterrizar en su cuerpo. Cuando la pérdida traumática estalló, *la vida entera* dejó de tener sentido para ella.

LA INEVITABILIDAD DE LA PÉRDIDA TRAUMÁTICA

La pérdida es algo inevitable para todos. Ser humano implica, en parte, sufrir pérdidas. En ocasiones, nos da tiempo a prepararnos para ellas. Tenemos tiempo de despedirnos de los abuelos porque fallecen tras una larga enfermedad. Y, aunque nos duele, estamos en paz y lo aceptamos por completo. Sin embargo, a veces no es posible estar preparado para algunas pérdidas. Son repentinas. Desgarradoras. Injustas. *Impensables*. Algunos llegan a la edad adulta con una *lista* larguísima de este tipo de pérdidas. La cuestión es que, aunque las pérdidas se conviertan en algo habitual, no por eso son más fáciles de sobrellevar.

Cuando estaba en la universidad, una de mis mejores amigas murió de repente. Me enteré cuando iba de camino a clase y mi profesor me encontró sentada en el pasillo fuera del aula, pálida, con la boca abierta. Me dijo que volviera a casa, que ya me pasaría los apuntes de la clase. Asentí y empecé a recoger mis cosas. Antes de volver al aula, me pidió que leyera el ensayo «Experiencia» de Ralph Waldo Emerson. «Hazme caso. Te ayudará —me dijo—. De hecho, podrías exponerlo en clase la semana que viene. Así me aseguro de que lo leas».

Aturdida y con los ojos enrojecidos, me dirigí a la estación y, sentada en el tren, de vuelta a casa, dejé que las ondas de la conmoción me recorrieran. Lo único en lo que podía pensar era en la risa de mi querida amiga: graciosa, ligera, contagiosa. Nunca volvería a oírla. Ya sentía que se me escurría de la memoria. Graciosa, ligera... Espera, ¿qué más dije? Mareada por el *shock*, me senté a la mesita de mi cocina y abrí los *Ensayos y conferencias* de Emerson, buscando el titulado «Experiencia».

Emerson tiene fama de ser críptico, y este ensayo lo confirma. Comienza así: «¿Dónde nos encontramos? En una serie cuyos extremos desconocemos y no creemos que existan. Despertamos y nos encontramos en un escalón; hay peldaños por debajo de nosotros por los que parece que hemos subido; hay peldaños por encima de nosotros, más de uno, que ascienden y se pierden de vista».[1] La verdad es que en la primera, y segunda, y quinta, y séptima lecturas, apenas conseguí pasar de estas frases del principio. Al parecer mi profesor creía que este ensayo me ayudaría a comprender la pérdida de mi amiga, pero me pareció hueco, frío, siniestro. Al leerlo, sentí como si estuviera allí, en aquella escalera, sin saber cómo había llegado ni a dónde iba. Necesitaba algo de contexto. Si no podía averiguar *qué* quería decir Emerson, quizá me ayudaría saber por qué lo escribió. De manera que consulté sus diarios.

«28 de enero de 1842: "Ayer por la noche, a las ocho y cuarto, la vida de mi pequeño Waldo llegó a su fin"».[2] Esa era la única frase de la página; el resto estaba en blanco. Me quedé estupefacta.

Ahí estaba el contexto: la pérdida. Waldo, el hijo de Emerson, había muerto a los cinco años de escarlatina. Waldo, que era *«mi pequeño Waldo»*. Waldo, de quien Emerson escribió: «He visto al pobre niño, cuando llegaba a una mata de violetas en el bosque, arrodillarse en el suelo, olerlas, besarlas y marcharse sin arrancarlas».[3] Waldo, que «entregó su pequeño aliento inocente como un pájaro».[4]

Emerson escribía la pena. No escribía *sobre* la pena; *escribía la pena*.

Las piezas del ensayo empezaron a cambiar y a cobrar sentido. En una frase desconcertante que se me había quedado atascada y daba vueltas en la cabeza, Emerson afirma que la parte más desafortunada de la naturaleza humana es «la evanescencia y el brillo de todos los objetos, que hace que se nos escapen de las manos cuando más los agarramos».[5] Cuando leí ese pasaje a través del filtro de la pena, su significado se volvió más evidente: lo más lamentable de ser humanos es nuestra tendencia a asir, aunque todo lo que asimos se nos escurra entre los dedos. Estamos hechos para asir, y el mundo está hecho para escurrirse.

Ay.

Esta frase me recordó un hermoso fragmento de *The Empathy Exams* [Los exámenes de la empatía], en el que Leslie Jamison dice: «Un sistema de raíces de pérdida se extiende de forma radial y rizomática bajo todo el territorio de mi vida».[6] Está escribiendo sobre sus vivencias, pero sirve para la humanidad entera, en todo momento. Bajo cada ser humano hay un sistema de raíces de pérdida que lo sustenta. Y si es cierto que los demás siempre se nos están escapando, debe de suceder lo mismo con nosotros. Los perdemos y también nos perdemos. No es de extrañar que Max piense en un reloj de arena ni que tenga la impresión de que esta cae demasiado deprisa.

Esta afirmación puede parecer contradictoria, pero lo que define nuestras conexiones mutuas y las hace posibles es precisamente ese sistema de raíces de la pérdida.

Mi profesor me asignó aquella tarea porque vio que acababa de despertarme en la escalera de Emerson por primera vez y quería transmitirme que no estaba sola. Que la escalera era el lugar en el que me tocaba estar ahora. Y que lo que me dolía era algo que nos duele a todos, algo que *siempre* nos ha hecho sufrir.

En el transcurso de cinco o seis sesiones, Max se va calmando y empieza a contarme más detalles sobre lo que le ha ocurrido. Me habla de lo mucho que quería a ese amigo que murió, un chico llamado Paul que conoció en cuarto de primaria. Su relación tuvo algunos problemas al principio. Al año de conocerse, cuando ya se sentían muy unidos, Paul se mudó a otro estado y Max quedó desolada. Escribía acerca de su amigo en su pequeño diario rosa con cerradura. En él contaba que creía que se había enamorado. Que sentía rabia hacia el padre del chico por haber aceptado un trabajo tan lejos de donde vivían ahora, y que jamás superaría la pérdida ni amaría tanto a nadie en la vida. A los dos años, contra todo pronóstico, Paul regresó. «*¿Alguna vez* habías oído algo así?», me pregunta Max. Cuando se inclina hacia delante para enfatizar la pregunta, la veo como una niña de sexto, haciéndole la misma pregunta a su madre en la mesa del comedor.

«Nunca», pienso, pero no digo nada. He oído montones de historias de gente que se reencuentra al cabo de los años, que se vuelve a ver en una reunión de antiguos alumnos del instituto tras dos divorcios y cinco hijos, o que vuelve a tener contacto en las redes sociales tras la muerte de sus cónyuges. Pero jamás he oído que un chico volviera con su amiga a los dos años de haberse mudado.

Siguieron siendo amigos durante diecisiete años, hasta la mañana en que Paul salió a correr y nunca volvió a casa. Durante unos días estuvo desaparecido. Hubo grupos de búsqueda y publicaciones en Facebook. Y al final fue identificado en la morgue de la ciudad. Por lo visto, se cayó, se dio un golpe en la cabeza y murió en el acto. A los veintiocho años.

Algo *impensable*.

Al desaparecer su mejor amigo, Max empezó a perderse también. Tuvo una aventura con un compañero del trabajo, una aventura peligrosa que podría haberle costado tanto su matrimonio como su puesto. Luego, en un arrebato, cambió de trabajo y se mudó. Terminó envuelta en un escándalo laboral. Se divorció. Comenzó a salir. Se enamoró. Se quedó embarazada. Volvió a ser infiel.

Un día, durante una sesión, Max, plegada sobre sí misma, apoya la cabeza en las manos. Parece absolutamente desgarrada. No le encuentra sentido a nada.

—Ni siquiera quiero estar haciendo esto. ¿Qué *coño* me pasa?

—Mira, Max, me parece que estás evadiéndote. Protegiéndote de la pérdida. Te da miedo decidirte por algo, así que te dispersas por todo el país, en un par de trabajos diferentes, en un puñado de relaciones. Hay algo en ti que te empuja a dispersarte, como si eso fuera un seguro, una garantía. Crees que si no estás en ninguna parte, no podrás perderte. Si no te comprometes con nada, no fracasarás.

Me mira, pálida, con la boca abierta.

—Eso es. Eso es —dijo. Y rompe a llorar.

Max se siente sola en esta pérdida y, en cierto modo, lo está. Se ha aislado. Se ha dispersado tanto que ya ni siquiera puede volver a ser ella misma. Sin embargo, tampoco está sola en absoluto. Porque todos, tarde o temprano, terminamos enfrentándonos a esta ballena blanca. En cuanto sufrimos algún tipo de pérdida, empezamos a pensar en todas las pérdidas que pueden ocurrirnos. Algunos son mejores que otros a la hora de ignorarlo y vivir como si nunca fuera a pasar nada, pero las pérdidas están ahí aunque no queramos admitirlas.

LAS PÉRDIDAS TRAUMÁTICAS Y EL CEREBRO

Ahora tal vez te preguntes qué tiene que ver una pérdida así con el cerebro o con la respuesta al trauma. Pues bien, en una palabra: *todo*. La pérdida es potencialmente traumática, pero a veces no la etiquetamos como tal. Sospecho que la razón radica en una antigua definición. Recuerda que en el DSM el trauma se definía como «lo que se sale de la norma». Como las pérdidas son inevitables y todos nos enfrentaremos a muchas de ellas —algunas esperadas, otras impensables—, tendemos a etiquetarlas como «no traumáticas». O distinguimos entre los tipos de pérdidas que podrían ser traumáticas y las que simplemente no pueden serlo.

Sin embargo, recuerda lo que estamos aprendiendo (y desaprendiendo) sobre el trauma: la experiencia traumática no debe definirse en términos de *lo que* ocurrió, sino en términos de la *reacción* que provoca la experiencia. Una experiencia es *potencialmente* traumática cuando desborda el sistema nervioso hasta el punto de que nuestra respuesta traumática de emergencia se pone en marcha y bloquea nuestros procesos de registro y archivo. Cuando no podemos calmar y restablecer nuestros sistemas, ni encontrar a alguien que nos ayude a desactivar la respuesta al trauma, esa experiencia se vuelve *persistentemente traumática*. Así pues, que la pérdida sea algo a lo que todos nos enfrentamos no significa que no pueda ser traumática. Además, no podemos predecir qué pérdidas serán traumáticas y cuáles no lo serán. Por ejemplo, una pérdida esperada después de que alguien haya tenido una larga vida y una enfermedad prolongada puede ser traumática si has vinculado tu autoestima al papel de cuidador de esa persona y no cuentas con alguien que te apoye en tu proceso de duelo.

Existen jerarquías en la pérdida, lo mismo que en la experiencia traumática, y ambas se construyen sobre la vergüenza.

La pérdida que sufrió Max con la muerte de su amigo fue traumática. Colapsó su sistema nervioso y bloqueó sus mecanismos de registro. Así que, en lugar de que la pérdida se convierta en un recuerdo integrado y significativo, está lidiando con una respuesta traumática que no se desactiva nunca. Y la forma en que se manifiesta es un poco furtiva. En lugar de pesadillas y una reacción exacerbada de sobresalto, adopta comportamientos que garantizan que no llegue a conectar con los demás y que, por tanto, nunca vuelva a perder a alguien. Como la gran mayoría de nuestros mecanismos de afrontamiento están diseñados por nuestra estructura cerebral más primitiva (la amígdala), no son racionales y pueden conducir a comportamientos compulsivos e impulsados por el miedo. Por eso, aunque pretenden protegernos, al final nos debilitan. Probablemente esa es la razón por la que Max siente que el tiempo vuela. Porque no es ella la que elige sus pasos, sino el miedo. Sus mecanismos de emergencia crónicamente activados la han hecho creer que conexión equivale a peligro, y por eso intenta evitarla a toda costa con su comportamiento. Si te dispersas en el mayor número posible de conexiones superficiales, nunca serás vulnerable a la pérdida.

Lo mismo que sucede en el trauma procedente de cualquier otra fuente, es necesario integrar este trauma para que Max logre cambiar su comportamiento. Para integrarlo, primero tiene que afrontarlo. Y eso es lo que la ayudo a hacer a lo largo de muchas sesiones. Repasamos el archivo de recuerdos que contiene la relación con su amigo y su doble pérdida, primero en cuarto curso y de nuevo cuando murió. De esta manera, siente plenamente el conflicto emocional que había en esta relación. Hablamos de lo que significan esas pérdidas y de cómo le influyen. Una vez que nos enfrentamos a lo que está empujando a Max a dispersarse por todo el país y a perderse en varias relaciones, por fin deja de acelerarse. El tiempo comienza a ralentizarse y Max empieza a comprometerse con las cosas que le importan. Sigue teniendo miedo a la pérdida, pero ahora ese miedo se manifiesta, más que como una fuerza destructiva, como respeto: una indicación de lo mucho que algo o alguien significa para ella.

CONCLUSIONES Y HERRAMIENTAS

En su obra «El trabajo del duelo», incluida en el libro *Espectros de Marx* (Editorial Trotta, 2013), Jacques Derrida escribe: «Tener un amigo, mirarlo, seguirlo con la mirada, admirarlo en la amistad, es saber con una mayor intensidad, ya herido, siempre insistente, y de manera cada vez más inolvidable, que uno de los dos verá morir inevitablemente al otro».[7]

De nuevo, ¡ay!

Todas nuestras relaciones están marcadas por la pérdida inevitable. Se cierne en el horizonte, como un espectro siempre presente. Y, sin embargo, ya está aquí. En el mismo momento en que nos conectamos, ya empezamos a apartarnos. Nuestras relaciones consisten –de hecho, se basan– en unirnos y luego separarnos.

Cuando conectamos unos con otros, se produce una especie de acercamiento. Te cuento algo sobre mí; te muestro algo mío. Pero lo que te doy –un pensamiento, un secreto, un abrazo– desaparece tan pronto como te lo doy. Entonces te pregunto algo a ti: «¿Qué piensas? ¿Cómo te sientes? ¿Qué te gusta?». De ahí no salimos. No necesitamos la muerte para perdernos unos a otros. Continuamente nos estamos alejando.

Así que aquí estamos. Ser seres humanos significa ser efímeros y estar rodeados de transitoriedad (igual que las imágenes hechas con serrín). Deseamos y nos desasimos. Agarramos algo y lo soltamos. Nos enredamos y nos alejamos. Aprendemos la lección y volvemos a cometer el error.

Pero ¿es un error? Una vez que conocemos la pérdida, ¿por qué nos sometemos a ella una y otra vez? Me hago esta pregunta a menudo. Porque nuestro trabajo es lidiar con ella. En eso consiste ser seres humanos. Y el objetivo no es evitar la pérdida (de todas formas no podemos), sino intentar no quedarnos demasiado atrapados en el apego o el duelo.

HERRAMIENTA PARA EL TRAUMA: LO QUE PERMANECE

Siempre me han parecido extrañamente reconfortantes los rituales en torno a la muerte: el cuidado con el que nos ocupamos de los restos de una persona, la delicadeza con la que los enterramos. No somos la única especie del reino animal que practica estos rituales delicados y sagrados. Los elefantes tocan suavemente los huesos de sus muertos con la trompa, cubren el cuerpo con hojas y tierra y se sientan junto al cadáver durante semanas.

Pero los restos no son solo el cadáver. Los restos también se refieren a lo que perdura después de la muerte.

Cuando preguntamos qué queda de una vida, estamos preguntando qué perdura, qué permanece, qué persiste. Puede parecer una pregunta ofensiva. Es posible que al principio quieras resistirte y que tu respuesta sea: «Nada. *Nada* perdura». Está bien, no te preocupes. Déjalo estar y repite dentro de unas semanas.

Cuando murió mi padre, recibí tantas tarjetas de pésame que tardé semanas en leerlas y meses en responderlas con notas de agradecimiento. Muchas de esas tarjetas eran un testimonio de lo que quedaba de mi padre incluso en medio de su impresionante ausencia.

Una de las cartas era de un hombre al que, cuando era niño, mi padre atendió como dentista. Escribió lo siguiente:

Mi familia y yo le enviamos nuestro más sentido pésame a usted y a su familia. A todos nos entristece profundamente el fallecimiento de Bob, y yo lo recuerdo muy a menudo.

La mayoría de los niños de doce años no tenían la relación que yo tenía con mi dentista. Ese fue el año en que pasé aproximadamente un día a la semana durante unas veinticinco semanas sometiéndome a endodoncias. Aunque la mayoría se acobardaría al pensarlo, yo siempre esperaba con impaciencia subirme a ese sillón. Él siempre tenía una palabra amable y una sonrisa auténtica para mí. Era realmente un alma buena. No sé si alguna vez fuisteis conscientes de ello, pero las cosas se pusieron muy difíciles para mí en casa. Su amable presencia era tan reconfortante y me causó una impresión tan duradera que, en cierto modo, creo que me salvó de perpetuar el maltrato con el que crecí. Aunque no pude tener un padre como él, a menudo me lo imaginaba. Esas fantasías formaron la base de cómo soy ahora como padre.

Me entristece saber que nunca pude expresarle a Bob lo importante que era su bondad. Fue de verdad un hombre extraordinario, que hacía maravillas aquí, en la tierra. No solo arreglaba sonrisas, sino que a su manera y quizá sin darse cuenta, también arreglaba corazones.

Lo echo de menos y siempre lo recordaré.

No tengo muy claro mi concepción del más allá, y probablemente no la tendré jamás; sin embargo, esta carta me demostró que el espíritu de mi padre seguía vivo de una forma muy real y tangible. Este atisbo de lo que permanece me ayudó a ver que había muchas cosas que podía conservar, que no todo se perdía. Para hacer este ejercicio, tendrás que anotar la interminable lista de lo que se ha perdido. No te preocupes, nunca vas a perder esa lista. Podrás volver a ella en cuanto termines aquí. Pero si te limitas a mirar la lista de lo perdido, te estarás perdiendo lo que permanece, lo que perdura, lo que subsiste y lo que es eterno.

Paso 1. Durante unos minutos, recuerda un ser querido que hayas perdido. Piensa en todas las cosas que más te gustaban de él.

Paso 2. Empieza a hacer una lista de lo que puedes conservar, aunque ya no esté. ¿Recuerdos divertidos? ¿Su sentido del humor? ¿La lección que te enseñó en cuarto de primaria sobre cómo hacer una división larga?

Paso 3. Piensa en entre tres y cinco formas concretas de trasladar todo eso a tu vida. ¿Puedes enseñar a los demás esa misma lección? ¿Asegurarte de ser generoso de la misma manera en que lo era ese ser humano? ¿Contar a todo el mundo su chiste favorito?

Hacer esta lista no es una forma de negar lo que has perdido, sino una manera de aceptarlo más plenamente. Y para nada consiste en ignorar todo lo que se ha perdido. Créeme, sé lo larga que es esa lista y lo terriblemente real que es su contenido. Se trata de recordarte delicadamente, cuando la revises, que hay algo más aparte de la pérdida, que el mundo no es solo horror, que incluso en las pérdidas más estremecedoras, *algo* permanece.

CAPÍTULO 6

El vínculo traumático de Erica

Por qué repetimos patrones traumatizantes

En cada ser humano hay un lado oscuro. Todos queremos ser
Obi Wan Kenobi y, en gran medida, lo somos. Pero también hay
un Darth Vader dentro de nosotros.
[...] ¿Mi experiencia? Enfréntate a la oscuridad. Mírala
fijamente y asúmela. Como decía el hermano Nietzsche,
ser humano es complicado, así que dale un abrazo a
esa vieja noche oscura del alma y aúlla el eterno sí.

Chris Stevens* (interpretado por John Corbett)
en *Doctor en Alaska*

Acabo de terminar de escribir una declaración al tribunal para Erica. Escribo en su nombre y pido que encarcelen a su exmarido, que intenta matarla, y que prorroguen la orden de alejamiento. Estas son cosas que nadie debería tener que implorar. Lo escribo por ella, porque su relación le arrancó la voz.

---

* N. del T.: Chris Stevens es un personaje de la serie *Doctor en Alaska* excéntrico, con una visión muy espiritual de la vida, que además de trabajar como *DJ* de la estación de radio local, es también mecánico y filósofo aficionado.

Le explico a Erica que a veces nuestro comportamiento resulta inexplicable para nosotros mismos. A veces mantenemos el contacto con personas que han intentado acabar con nosotros porque no hacerlo es impensable, imposible. Tratar de conciliar dos versiones completamente distintas y contrapuestas de una persona es una tarea enorme y dificilísima. La versión A es alguien que te encantó, en quien confiabas, con quien reías, de quien te enamoraste y con quien te casaste. La versión B es alguien que se comporta como un monstruo; que encuentra tus puntos más débiles y te destroza lanzándote diestramente una flecha directa al corazón; que te pone las manos encima, no con cariño, sino con violencia; alguien cuya otra versión desaparece cuando sus iris se vuelven repentinamente negros. Estas dos versiones están tan distantes entre sí que parecen dos personas diferentes, tanto que incluso podrían tener gestos y expresiones faciales diferentes. Pero en un acto que desafía a la razón, que hace que esta se pliegue sobre sí misma y se hunda en la duda, las dos comparten un cuerpo y tienen el mismo rostro.

Ya ves cómo las cosas dejan rápidamente de tener sentido.

Erica tropezó exactamente *una vez*. Escribió una carta a su exmarido el día de su aniversario de boda y le contó cómo se sentía por la desintegración de su vida en común. No le pidió una respuesta ni le hizo preguntas. Simplemente le explicó cómo se sentía. Él le tendió la mano, se disculpó por absolutamente todo y le dijo que acababa de ingresar en un programa para tratar sus problemas de ira. Ella empezó a albergar la esperanza de que tal vez *no* hubiera dos personas contradictorias en un solo hombre. Quizá estaba equivocada. Tal vez este tipo de experiencia demoledora y asombrosa no fuera real.

Cuatro días después, fue a su casa e intentó matarla.

Dado que fue Erica quien le tendió la mano, la única explicación que el tribunal aceptará es que ella es y siempre ha sido una mentirosa manipuladora. Si *de verdad* le tenía miedo, ¿cómo es que le envió un correo electrónico? El exmarido *no será* tan violento si ella todavía tiene algún deseo de estar en contacto con él. Si todavía lo *ama*, será porque él no le ha hecho daño.

La valoración que hacen de ella —una valoración que es tremendamente ignorante en lo que se refiere a las complejidades de la violencia doméstica— pondrá su vida en peligro. La única posibilidad que tiene es una declaración de una página. Tendrá que leer esta declaración en el tribunal delante de su exmarido, un hombre que intentó matarla. Tendrá que leerla delante de su baboso abogado defensor, que está intentando presentarla como una alcohólica mentirosa y vengativa con una versión profundamente incoherente.

Espera un momento.

¿Te has parado un momento a pensar si tal vez *es* realmente una alcohólica mentirosa y vengativa? ¿O tal vez no una mujer mentirosa y vengativa, sino sencillamente una alcohólica, cuya historia podría ser incoherente?

Yo sí me lo he preguntado.

Y sé cómo identificar este prejuicio en mi mente antes de que me haga daño. Puedo ver que va en contra de todo lo que sé sobre Erica y las mujeres en relaciones abusivas. Pero sigue ahí de todos modos. Este tipo de ideas sesgadas nos lo inculcan los medios de comunicación, la falsa doctrina científica y las narrativas sociales mucho antes de que tengamos ninguna experiencia con la realidad. En estos casos, nos han preparado para sospechar de la víctima y empatizar con el agresor, en parte porque volver con alguien que ha sido violento contigo no parece racional. Y no queremos creer que los seres humanos racionales sean capaces de comportamientos irracionales, y mucho menos de comportamientos irracionales repetitivos.

Estoy redactando la declaración de Erica, para evitarle el mal rato de enfrentarse a una página en blanco e intentar escribir mientras lucha contra la serpiente de la vergüenza que se desliza alrededor de sus hombros, se le enrosca en el cuello y le roba el aliento. También la estoy redactando porque, aunque al final Erica cambie todo lo que dice esta declaración, quiero que al menos vea por escrito lo que ya le he dicho: que no importa que su comportamiento le resulte inexplicable a ella misma, porque yo sí puedo comprenderlo. Esta experiencia traumática *se puede* entender, asimilar y reconciliar. Y lo sé porque yo misma lo he hecho, más de una vez.

Por eso estamos aquí, implorando una piedad que nadie debería tener que implorar.

¿Cómo puede Erica seguir amando a este hombre violento? ¿Por qué se sorprende a sí misma recordando su aniversario de boda? ¿Qué la ha llevado a escribir un correo electrónico a alguien contra quien tanto le costó conseguir una orden de alejamiento? ¿Qué la impulsa a actuar de forma irracional y volver con él una y otra vez? ¿Cómo sabemos que no volverá a hacerlo?

A veces solamente es posible entender algo complejo a través de una metáfora sencilla.

¿Conoces los imanes de tierras raras? Se trata de los imanes permanentes más fuertes que existen. La energía que los atrae y los une es tan extraordinaria que si una parte del cuerpo queda atrapada entre ellos, llegan a magullar la piel e incluso a romper un hueso. Si los acercas mucho, se precipitan el uno hacia el otro y chocan con tal fuerza que pueden hacerse añicos.

Erica y su exmarido son como esos imanes de tierras raras. Su relación tiene esa misma energía magnética que atrae a dos seres lanzándolos a toda velocidad el uno contra el otro. Al chocar destrozan la autoestima de Erica, y tanto ella como el mundo que la rodea se vuelven incomprensibles.

Cuando esta fuerza magnética de tierras raras se apodera de una relación, tenemos lo que se denomina *vínculo traumático*. Un vínculo traumático es una mezcla alquímica de experiencias pasadas no asimiladas, dinámicas de poder desiguales y comportamientos contradictorios que oscilan entre la violencia y el afecto.

Los vínculos traumáticos son imanes relacionales de tierras raras con una atracción *peligrosa*.

VÍNCULOS TRAUMÁTICOS

Para empezar, vamos a dejar algo claro: si has experimentado este tipo de vínculo alguna vez, no es porque lo hayas *atraído*. Ni *atraes* a personas tóxicas ni le has pedido al universo todo este dolor y toda esta confusión. Plantearlo así, como que eres tú quien *manifiesta* estas desgracias, es el equivalente psicológico de decir que eres kármicamente responsable de contraer cáncer o que Dios envía huracanes a la Tierra para azotarnos porque algunos seres humanos tenemos la osadía de ser homosexuales. Es una auténtica estupidez.

De hecho, la vida sería mucho más fácil si esa estupidez fuera cierta. Porque entonces lo único que tendríamos que hacer es tomar la decisión de dejar de atraer a la gente tóxica a nuestras vidas. Por desgracia, los vínculos traumáticos son bastante más complicados que eso.

La expresión *vínculo traumático* se utiliza de forma coloquial —e incorrecta— para describir diversas dinámicas de relación. Por ejemplo, puedes oír hablar del intenso vínculo que desarrollan dos soldados debido a todo lo que han sobrellevado juntos; se dice que están unidos por el trauma. También se habla del extraño y fascinante fenómeno psicológico por el que los secuestrados desarrollan una afinidad con sus secuestradores. Más recientemente, la expresión ha pasado a representar un tipo de patrón de relación entre los *influencers* de Instagram que siguen entablando relaciones con gente inadecuada: están unidos por el trauma.

Esta expresión surge de un episodio particularmente delicado en la historia de la psicología del trauma: el estudio de la violencia en las relaciones íntimas.

Lo siguiente debería darnos una lección de humildad: hubo una época en la que la creencia científica vigente era que la causa de la violencia íntima era el tipo de personalidad de la víctima. Que quede claro: se creía que el maltrato era culpa de la persona maltratada. Esta no era una mera idea que circulara entre la gente ignorante o inculta, era la *teoría científica predominante.*

A mediados de la década de los sesenta, los investigadores se propusieron analizar los matrimonios en los que había maltrato físico. ¿Cómo ocurría esto y por qué? Primero se pusieron en contacto con maridos que habían sido violentos con sus mujeres. Estos no solo fueron reacios a hablar o a admitir su culpa, sino que culparon unánimemente a sus esposas. «Fue culpa suya —afirmaban al unísono, como un coro griego, eludiendo cualquier responsabilidad—. Yo soy un hombre pacífico y nunca he sido violento. Ella siempre sabe cómo sacarme de quicio, y también sabe que después recibirá mucha atención. Lo hace a propósito».

Así que los investigadores se pusieron en contacto con las esposas. A diferencia de sus maridos, las mujeres no eran abiertas ni especialmente habladoras. Cuando se les preguntaba por sus propios matrimonios abusivos, se ponían nerviosas. En general, se mostraban bastante distantes y frías. Eran completamente indecisas y pasivas. Curiosamente, todas compartían estos rasgos: esto fue lo que hizo suponer a los investigadores que los maridos tenían razón. ¿Por qué si no todas las mujeres que habían sufrido malos tratos tenían los mismos rasgos de personalidad? Los investigadores llegaron a la conclusión de que había un tipo de personalidad femenina que suscitaba la violencia en hombres por lo demás pacíficos. Defendieron la teoría de que, en el fondo, esas mujeres *querían* ser maltratadas, lo *necesitaban*. Este tipo de personalidad era un imán que hacía que los hombres la emprendieran a golpes. Eran masoquistas.

Esto es quizá lo más llamativo de esta falacia: *a nadie* se le ocurrió que tal vez fueran los malos tratos físicos los causantes de los rasgos de personalidad en las mujeres y no al revés.

A principios de la década de los ochenta del siglo pasado, tras veinte años de tratamiento clínico basado en la creencia de que si las mujeres son golpeadas por sus maridos es porque lo desean, los investigadores se dieron cuenta de que esos métodos terapéuticos eran inútiles. Resulta que tratar a las víctimas de la violencia avergonzándolas no servía para nada. (¡Qué raro!).

Dos investigadores en particular, Donald Dutton y Susan Painter, llegaron a la conclusión de que había algo en los *malos tratos* que alteraba la personalidad de las víctimas.

Estas mujeres no volvían a las relaciones violentas porque quisieran ser maltratadas, sino porque habían *perdido por completo su autoestima*. El vínculo entre los miembros de la pareja en este tipo de relaciones parecía totalmente único. Dutton y Painter lo denominaron *vínculo traumático*, que definieron como «el desarrollo y el curso de fuertes lazos emocionales entre personas en cuya relación una de ellas acosa, golpea, amenaza, maltrata o intimida a la otra de forma intermitente».[1]

Fíjate en las estructuras que hay aquí: la fuerza magnética que pone en marcha este tipo de relaciones terribles *no reside únicamente en uno solo de sus miembros*. Reside en la dinámica de la relación y se amplifica exponencialmente con el tiempo, el poder y la vergüenza.

Al estudiar estas relaciones, Dutton y Painter observaron dos componentes que aparecían una y otra vez: una dinámica de poder desigual, de la que se aprovecha uno de los miembros de la pareja, y un maltrato intermitente (que no constante) mezclado con un afecto intenso. Cuando ambos componentes se combinan, crean cambios de personalidad devastadores en ambos individuos. A medida que las personalidades se moldean en torno a la relación, se forma un vínculo peligrosamente fuerte del que resulta casi imposible desprenderse.

Se establece una dinámica de poder desigual cuando una persona es subyugada o dominada por la otra. Esto se puede dar de diferentes formas. Por ejemplo, un miembro de la pareja tiene más dinero que el otro o un trabajo prestigioso que le confiere un estatus social elevado.

Aunque en las relaciones podrían existir desequilibrios de poder sin violencia ni abusos, este desequilibrio por sí solo es suficiente leña para iniciar un incendio, que puede sofocarse o avivarse. Un combustible especialmente eficaz para este tipo de fuego es la exageración y la disminución de la autoestima. Es muy fácil ver cómo el miembro de la pareja con más poder puede empezar a sentir una exagerada sensación de valía, mientras que la parte con menos poder llega a sentir disminuido su valor.

A medida que pasa el tiempo, estos sentimientos de valía e inutilidad comienzan a manifestarse en el comportamiento de ambos miembros de la pareja. Quien tiene más poder empieza a menospreciar a quien tiene menos y a tratarlo de manera vejatoria. Este cambio en el trato inquieta a quien lo sufre, alimentando su miedo a no ser suficiente, y podría llevarlo a verse a sí mismo como inútil o «inferior». Cuanto menos valioso se sienta, más necesitado estará de aprobación, lo que alimentará la opinión despectiva del miembro con más poder.

Imagina que una pareja, Sam y Lauren, se traslada de una pequeña ciudad a Manhattan después de la universidad. Se mudan porque Lauren tiene un nuevo trabajo estupendo allí y Sam espera conseguir uno dentro de unos meses. Lauren es la única que gana dinero, así que paga todas las facturas. También es la primera en hacer amigos, por lo que es el centro de su vida social.

Sam se alegra por Lauren, pero a medida que pasa el tiempo y ella prospera tan visiblemente, empieza a sentirse deprimido. ¿Por qué le cuesta tanto encontrar trabajo? Por la mañana dedica unas cuantas horas, en las que se siente fatal, a buscar un empleo y luego espera a que Lauren vuelva a casa. Ella está cada vez más irritada con él porque, al llegar a casa después de un duro día de trabajo, lo encuentra deprimido y sin esperanza. Ha comenzado a pensar que tal vez lo que hace que los empresarios no lo tengan en cuenta es ese carácter tan apocado que tiene. Empieza a criticarlo con un tono de frustración en la voz, esperando que se recupere y vuelva a ser tan encantador como antes. En lugar de eso, Sam se siente aún peor.

Cuando Lauren se dirige al trabajo, no consigue quitarse de encima el mal humor de Sam. Ella se merece algo mejor, vale mucho más que esto. Al fin y al cabo, es ella la que gana todo el dinero que entra en casa. Sam ni siquiera consigue trabajo. Lo único que hace es quejarse de lo difícil que es todo. ¿Qué le vería para empezar a salir con él? Y por si fuera poco, se está poniendo fondón. Vuelve a casa enfadada y resentida. Cuanto más enfadada está, más crece la desesperación de Sam. «Es un *desgraciado*», piensa. Una noche, bebe más de la cuenta y le grita a Sam, exagerando las críticas. Le dice que nunca llegará a nada, que es gordo y feo, y que ella se merece algo mejor. Estrella una copa de vino contra el fregadero de la cocina y se marcha furiosa en plena noche.

Mientras esta dinámica de poder va erosionando lentamente la autoestima de Sam y convenciéndolo de que de verdad no vale nada, el comportamiento abusivo se intensifica. Una serie de críticas destinadas a motivarlo se convierten en un intenso maltrato verbal. Una copa de vino estrellada en el fregadero en un momento de rabia se convierte en una botella lanzada al otro lado de la habitación, que está a punto de darle en la cabeza. Aunque el conflicto se vuelve más intenso, sigue mezclándose con gestos auténticamente cariñosos y momentos de calma. Cada vez que ocurre algo dramático, hay un reguero de disculpas, sexo para reconciliarse y promesas de que las cosas cambiarán. Este tira y afloja es profundamente confuso y agotador.

La mayoría pensamos que nunca nos encontraremos en una situación así, porque si sufriéramos maltrato, nos marcharíamos enseguida. Y nos equivocamos. Por dos razones.

La primera es que no comprendemos las reacciones químicas que se producen en este tipo de dinámica. Cuando somos unos bebés indefensos sin capacidad para autorregular nuestra fisiología, lloramos pidiendo ayuda cada vez que sentimos angustia. Luego, cuando nos calman, *después* de sentir esa angustia, nuestro cerebro se inunda de opioides naturales. Entonces asociamos esta conexión —entre la angustia y el alivio— con el placer. El cerebro se desarrolla de este modo para establecer el estímulo neuronal que necesita con el fin de asociar relacionarnos con otras personas con la recompensa. Estas sustancias químicas nos ayudan a ser sociales y a seguir siéndolo, favoreciendo así la supervivencia. También nos ayudan a desarrollar técnicas de corregulación (es decir, tranquilizarnos mutuamente) y autorregulación (tranquilizarnos a nosotros mismos).

Esta misma reacción fisiológica puede producirse cuando, de adultos, experimentamos un conflicto con alguien, nos angustiamos y luego nos tranquilizamos, ya sea por la otra persona en conflicto o por alguien más. Cuando nos calman tras la angustia provocada por el conflicto, recibimos una ráfaga de sustancias químicas de la felicidad. Podemos volvernos adictos a estas ráfagas, *no al conflicto en sí*, sino a la sensación que nos produce sentirnos calmados inmediatamente después del conflicto.

La conclusión es la siguiente: a nivel neurobiológico, el ciclo del maltrato —*no el maltrato en sí*— puede volverse adictivo ya que se segrega una fuerte dosis de opioides hormonales naturales durante la fase de la reconciliación. Esto *no* significa que quien sufre maltrato lo *desee*. Todo lo contrario. Cuando una persona maltratada está desregulada y se la ha despojado por completo de su poder y su autoestima, lo que *necesita* es el torrente de hormonas tranquilizadoras. Cuando estas ráfagas de bienestar no vienen de fuera de la relación (en parte porque a todos *se nos da fatal* ayudar a alguien que esté en este tipo de relaciones), la única opción es buscarlas *dentro* de la relación.

La segunda razón por la que nos equivocamos al suponer que este tipo de situación nunca podría sucedernos es que el espacio en el que resulta más fácil reconciliarse o perdonar un comportamiento abusivo es, precisamente, dentro de una relación íntima.

Como la conducta abusiva se equilibra con momentos de intensa conexión, felicidad e intimidad, el maltrato puede parecer un accidente, una aberración, un error que no volverá a ocurrir y que hay que mantener en secreto para que los demás no se lleven una impresión equivocada. «Lauren está estresada. Después de todo, tiene un trabajo muy importante. Además, alguien que me quiere tanto no puede haber querido hacerme daño así», se justifica Sam. Por su parte, Lauren incluso bromea con el maltrato tras una pelea especialmente mala: «¡Nuestro amor es tan apasionado e intenso que a veces se nos va de las manos!». El conflicto y los malos tratos se presentan como una prueba de amor profundo, no como una negación de ese amor.

Hay que señalar que en estas relaciones el poder no le pertenece exclusivamente a uno u otro miembro. El poder es una fuerza, y su carga puede oscilar. Hay momentos en los que el miembro maltratado de la pareja llega a ser *más* poderoso que el maltratador, aunque solo sea temporalmente. Esto ocurre cuando quien sufre el maltrato decide marcharse, y el maltratador pasa al papel de subordinado y le ruega que se quede, lamenta su terrible comportamiento y promete que no volverá a pasar. Aunque parezca que la pareja antes impotente tiene ahora la sartén por el mango, la dinámica de poder desigual vuelve a *obstaculizar* la resolución del ciclo de maltrato. El vínculo de la relación puede ser especialmente fuerte porque cuanto más tiempo pasan en ella las dos personas, más invisibles se vuelven para sí mismas. Esto sucede con los dos miembros de la pareja, ya que la identidad individual de cada uno se disuelve en la dinámica que han creado entre ellos. Existe la creencia implícita de que la única forma en que pueden encontrar sentido a sí mismos y a su comportamiento es permaneciendo en la relación.

Otra de las razones por las que es tan perjudicial reducir la complejidad de un vínculo traumático a la idea de que «atraigo a personas tóxicas» es, sencillamente, que *no existen las personas tóxicas*. Lauren no es una persona *tóxica*, sino que *se comporta* de forma tóxica. Su comportamiento se debe a un conjunto de circunstancias y dinámicas que podrían haber hecho que ella misma no sea capaz de explicarse por qué se porta así.

Con esto no pretendo eximirla de responsabilidad ni justificar su comportamiento. El maltrato nunca es *aceptable*. Lo que quiero decir es que si queremos acabar con los ciclos de maltrato, tenemos que *entenderlos*. Y para entenderlos, tenemos que ir más allá de la idea de que Lauren es tóxica o que Sam atrae la toxicidad. Porque cuando simplificamos de este modo la dinámica de una relación complicada, es imposible entender nada.

Lauren no se levanta a la mañana siguiente de haberle tirado una botella a Sam y lo lleva a desayunar porque sea malvada y manipuladora. Lo hace como un intento de reparar un comportamiento que ni ella misma es capaz de entender. En un vínculo traumático, *ambas* personas se encuentran atrapadas por la fuerza magnética. *Ambas* están desestabilizadas y corren el riesgo de hacerse añicos al chocar.

REPETIR EL VÍNCULO TRAUMÁTICO

¿Recuerdas a Erica, la mujer para la que redacté la declaración judicial? Ahora te contaré algo que puede hacerte dudar aún más de ella que cuando te preguntaste si era alcohólica.

Resulta que esta no es su primera relación abusiva. Ni siquiera podemos asegurar que vaya a ser la última.

Hasta ahora, lo que hemos visto son los componentes de un vínculo traumático. Sabemos que este tipo de vínculo contiene una mezcla alquímica de dinámicas de poder y un confuso vaivén de trato positivo y negativo. Y que el vínculo traumático socaba gradualmente la autoestima de la parte de la pareja que sufre el maltrato y eso hace que le cueste la misma vida romper la relación. Asimismo, sabemos que, como su autoestima ha quedado tan desestabilizada, suele volver a la relación en cuanto siente ansiedad o inseguridad.

Con esto podemos empezar a entender cómo alguien termina enredado en un vínculo traumático aislado, pero ¿qué ocurre con quien continúa enredándose en vínculos traumáticos en distintas relaciones a lo largo de su vida? ¿Está manifestando o atrayendo de algún modo el maltrato?

No. De ninguna manera.

Vamos a avanzar un poco para que veas cómo evoluciona la historia de Erica. Contra todo pronóstico, la declaración que redactamos conjuntamente para el tribunal tiene éxito. Se le concede la clemencia que imploramos. El juez se deja convencer por su declaración, la cree y no solo le concede la orden de alejamiento, sino que incluso condena a su exmarido a doble pena de cárcel. Durante unos días, Erica se siente libre.

Luego empieza a sentirse culpable por haber metido a su ex en la cárcel. Y después, lo echa de menos. Al cabo de un tiempo, se da cuenta de que sigue fantaseando con él, de que todavía siente una gran atracción por él. De manera que cuando su ex le pide ayuda porque necesita pagar unas facturas, lo ayuda. Y cuando le dice que realmente va a aprovechar este tiempo para cambiar, lo cree un poco... otra vez.

Yo me limito a decirle lo que ya le ha dicho su terapeuta, lo que también le han advertido sus amigos y su familia y lo que ella ha leído.

—Erica, la próxima vez *te matará*.

—Lo sé —me contesta—. Ni yo misma lo entiendo.

Y no creas que al decir esto se le desencaja la cara, porque ya la tiene completamente desencajada. Es incapaz de entenderse a sí misma.

Aún nos faltan piezas.

LA COMPULSIÓN DE LA REPETICIÓN

Una de las piezas que faltan apunta a Freud, así que volvamos a principios del siglo xx.

En 1914, Freud escribió un artículo titulado «Recordar, repetir y resolver». En él señalaba lo extraño que resultaba que, en lugar de recordar una experiencia o dinámica de relación negativa y evitarla, el paciente simplemente la repitiera. Una y otra vez. *Ad nauseum*. Este tipo de cuestiones son importantes, porque si malinterpretamos las fuentes de nuestro comportamiento, *todas* nuestras relaciones se vuelven realmente confusas. También corremos el riesgo de pasarnos la vida repitiendo las experiencias y dinámicas más negativas con las que nos encontramos.

En 1920, Freud profundizó en esta idea en su famosa obra *Más allá del principio del placer*, que bien podría haberse titulado *Por qué nuestro comportamiento es completa y fascinantemente inexplicable a veces*. En este ensayo, clasificó cuatro tipos de comportamiento repetitivo que parecen ir en contra de lo que él consideraba el impulso humano innato y primario hacia el placer.

El primer tipo de repetición sobre el que escribió Freud era la forma en que un suceso aparecía y reaparecía en sueños. Podían ser sueños recurrentes que repetían directamente el suceso o sueños con contenido variable que repetían las emociones centrales del suceso. En ambos casos, los sueños parecían poner al paciente «de nuevo en la situación [terrible]», en lugar de «mostrarle imágenes de su pasado bienestar».[2] Aunque nuestras vidas están pobladas de todo tipo de experiencias maravillosas y llenas de placer, no solemos tener sueños invasivos sobre *ellas*. ¿Por qué iba nuestra mente a reflejarnos las vivencias desagradables con mayor frecuencia?

El segundo tipo de repetición aparecía en el juego de los niños. Freud describió cómo un niño tiraba su juguete de la cuna, lloraba por haberlo perdido y luego se esforzaba por recogerlo, todo ello para volver a tirarlo y repetir el angustioso ciclo. Recuerdo que en unas vacaciones familiares compartí habitación con mi hermano pequeño, que hizo esto durante lo que me pareció una semana entera seguida. Yo tendría seis años y recuerdo perfectamente que no entendía *por qué* tiraba el chupete por la habitación en cuanto alguien se levantaba de la cama para devolvérselo.

El tercer tipo de repetición se produce cuando un paciente intenta explicar un acontecimiento traumático del pasado y empieza a revivirlo mientras lo cuenta. Freud observó que los pacientes parecían repetir las experiencias traumáticas como si fueran «experiencias contemporáneas en lugar de, como preferiría el médico, *recordarlo* como algo perteneciente al pasado».[3] Aparentemente los recuerdos traumáticos derrumbaban los muros entre el pasado y el presente, convirtiendo el mundo en una contradicción insalvable.

El cuarto y más inquietante tipo de repetición se denominó *Schicksalzwang*, o neurosis del destino. Es cuando las experiencias traumáticas escapan a los límites de la mente y se manifiestan en repeticiones conductuales. Los pacientes se encontraban repitiendo dinámicas de relación y experiencias vitales desagradables, sin ser conscientes de que lo hacían y sin poder parar. Este tipo de repetición era lo que más irritaba a Freud. ¿Acaso no bastaba con vivir *una vez* el terrible suceso? ¿Con qué fin se pondrían los pacientes repetidamente en situaciones en las que tuvieran que revivir una y otra vez sus experiencias vitales más terribles?

Estas tendencias repetitivas ponían en tela de juicio la teoría de Freud de que el comportamiento humano está fundamentalmente dirigido a experimentar placer. Si los seres humanos son criaturas que buscan el placer, ¿por qué demonios repetían tan sistemáticamente sus experiencias más terribles y dolorosas?

Freud, al intuir la fuerza compulsiva que subyacía en estos comportamientos aparentemente inexplicables, llegó a la conclusión de que el impulso de repetir las experiencias negativas procedía de algo «más primitivo, más elemental, más instintivo que el principio del placer, al que anula».[4] Este impulso de repetir procedía de otra parte, de algún lugar mucho más sombrío que la mayoría de los impulsos humanos. Concluyó que este tipo de compulsión a repetir daba la impresión de ser una compulsión «daemónica».[5] Me parece que merece la pena detenerse a subrayar esto: este impulso destructivo de repetir era tan poderoso y tan oscuro que la única forma en que Freud podía entenderlo era definiéndolo como una fuerza de otro mundo y *demoníaca*.

Una compulsión es una fuerza irresistible, impulsora y *urgente*. La palabra *compulsión* procede del latín *com*, que significa 'con', 'juntos', y *pellere*, que se traduce como 'conducir', 'empujar', 'golpear'. Si vamos a utilizar aquí el lenguaje de la manifestación o la ley de la atracción, *no podemos* referirnos a ella en un sentido que implique querer o elegir. La fuerza que nos impulsa a repetir el ciclo no la elegimos nosotros. Es un impulso procedente de lo más profundo de nuestro ser que nos hace obrar de formas que después nos parecen desconcertantes.

La compulsión de repetir está bien documentada e incluso aparece en casos en los que las personas no son capaces de recordar conscientemente lo que están repitiendo. A menudo, la repetición ocurre en el aniversario exacto del acontecimiento inicial, incluso *aunque no tengamos un recuerdo consciente de ese acontecimiento inicial*. Hay casos en los que las personas repiten un acontecimiento ese mismo día durante años seguidos, a pesar de que les causa un gran dolor y a veces les hace correr un peligro muy real.

Esta es una verdad especialmente cruel sobre la experiencia traumática: no puede ser acotada por el tiempo, no obedece a las reglas normales de la forma temporal y no se limita al momento en que ocurre. Los acontecimientos traumáticos nos persiguen de un modo u otro: en nuestros pensamientos, en nuestros sueños y, a veces, en las acciones que nos vemos obligados a repetir.

¿Esta cruel verdad contiene en sí algo más que crueldad? ¿Por qué tenemos que estar atormentados? ¿Por qué tenemos que revivir acontecimientos? ¿Qué *es* esta fuerza que nos obliga? ¿Y cuál es su finalidad? ¿Qué se puede hacer con estos fantasmas?

RAZONES PARA REPETIR

Una vez asistí a una conferencia de Galen Strawson, un académico iracundo que intentaba argumentar en contra de toda la ciencia y la filosofía que el yo no es narrativo. Sir Christopher Ricks, crítico literario y erudito, le dio una respuesta elegante, mordaz y altamente satisfactoria: «El problema parece ser, querido Strawson, que parece usted totalmente absorto en la pregunta equivocada. La pregunta importante *nunca* es "¿esto es verdad?", sino "¿qué hay de verdad en esto?"».[6]

Desde que Freud llamó la atención sobre la compulsión de la repetición a finales del siglo XIX, el campo de la psicología ha estado discutiendo *cuál* es la explicación correcta de este comportamiento. Enmarcar la discusión de este modo es hacerse la pregunta equivocada. No existe una sola razón que explique o capte esta «fuerza demoníaca» que nos obliga a revivir las experiencias, sino que hay muchas por las que repetimos comportamientos y dinámicas de relación. Veamos algunas de estas razones, reconociendo tácitamente que lo que viene a continuación solo puede ser una lista parcial.

Repetimos para alcanzar el dominio

La teoría inicial de Freud era que repetimos nuestras experiencias negativas con la esperanza de dominarlas. Esto tiene sentido desde una perspectiva teórica. Cuando nos sentimos tan abrumados por una experiencia que huimos, peleamos o nos paralizamos, esta experiencia está destinada a sobresalir y a resistirse a la integración, porque no se procesa ni se archiva como el resto de nuestros recuerdos. Entonces nos vemos impulsados a volver a experimentarla porque al hacerlo tenemos la oportunidad de dominar una experiencia que, en la vida real, desafió el dominio.

Revivimos para tener la oportunidad de entender lo que no pudimos comprender en el abrumador momento inicial y para tener la oportunidad de responder de forma diferente a como lo hicimos durante el acontecimiento original.

Aunque Freud no podía saberlo, esta teoría se confirma también en neurobiología. Los recuerdos no integrados son un problema para el cerebro. En un intento de integrarlos, el cerebro los empujará de alguna manera —en sueños, pensamientos invasivos y situaciones repetitivas— para que se ordenen y se guarden adecuadamente.

Recordarás del capítulo dos que nuestro cerebro está diseñado con un sofisticado sistema de clasificación que nos ayuda a ordenar y archivar nuestros recuerdos para que podamos aprender del mundo y comprender nuestra experiencia. La expresión neurobiológica para el proceso de clasificación es *consolidación de la memoria*. La forma en que los recuerdos se consolidan inicialmente depende del tipo de experiencia y de cómo percibimos el acontecimiento cuando está sucediendo. Las experiencias normales y corrientes no causan desbordamiento en el cerebro, por lo que cuando se organizan y se guardan, todos los sistemas de clasificación necesarios están en funcionamiento. Cuando todos los sistemas están en marcha y funcionan como deben, los acontecimientos que experimentamos pasan por un proceso de consolidación (y luego de reconsolidación). Recordarás que los recuerdos a largo plazo se archivan principalmente en el hipocampo, y cada archivo necesita contener tres cosas: una narración coherente del acontecimiento, su contenido emocional y un significado que hayamos establecido para contextualizar el acontecimiento de acuerdo con nuestros demás recuerdos. Así, estos archivos de recuerdos terminan bastante organizados y accesibles. Podemos traerlos a la consciencia presente, hablar de ellos y luego guardarlos con relativa facilidad.

La consolidación inicial del recuerdo —la parte en la que se crea el archivo y se organiza su contenido— suele ocurrir entre seis y veinticuatro horas después de un acontecimiento. Imagínate a unos pequeños trabajadores en una sala de archivos de tu cerebro. Lo único que hacen es ordenar lo que experimentas y averiguar cómo archivarlo correctamente. ¿Qué significa? ¿Dónde encaja entre los demás archivos? Estos minúsculos trabajadores son meticulosos y eficientes. Almacenan los datos según la cronología y el significado, para que puedas recordar rápidamente lo que necesitas. Cuando se trata de una experiencia traumática —cuando tienes una experiencia emocional abrumadora—, los trabajadores del registro y del archivo dedican toda su energía y recursos al sistema de alarma y a los mecanismos de protección de tu cerebro. No es necesario archivar cuando estás directamente en peligro; eso puede solucionarse más tarde. Así que, en lugar de tener un archivo de recuerdos consolidado y organizado, el archivo se crea, pero está desorganizado de alguna manera. Estos recuerdos son un poco como archivos informáticos deteriorados. O bien no se pueden abrir en absoluto o, cuando se abren, lo hacen al azar e interrumpen lo que estabas intentando hacer. Lo que encontramos dentro de los archivos es difícil de entender. No dominamos su código.

Por suerte, o por desgracia, según se mire, nuestro cerebro tiene un método para tratar los archivos desorganizados. Cada vez que los pequeños trabajadores de la sala de archivos se encuentran con uno de ellos, simplemente lo mandan al córtex prefrontal (que es donde se produce la mayor parte de la consolidación de la memoria) para que vuelva a ser procesado. Esto es una suerte porque permite organizar y guardar el suceso de una forma que antes no podíamos. Y es una desgracia porque cuando un recuerdo traumático desorganizado llega al córtex prefrontal, no lo reconocemos como un recuerdo del pasado ya que no está organizado como el resto de nuestros recuerdos. La única forma posible de relacionarnos con él es revivirlo.

Así pues, aunque los recuerdos se consolidan en las primeras seis a veinticuatro horas tras una experiencia, también se *reconsolidan* una y otra vez después. Esta reconsolidación puede hacerse conscientemente y a propósito —es lo que hacemos en la terapia narrativa, por ejemplo—, pero también se hace en el cerebro de manera inconsciente. Los pequeños organizadores de archivos no solo trabajan con los acontecimientos actuales. Además, revisan continuamente los archivos antiguos para asegurarse de que no necesitan actualizarse dada la nueva información y experiencia. Como cualquier otro archivo, nuestra memoria tiene un espacio limitado, por eso a veces los trabajadores se deshacen de viejos recuerdos para hacer sitio a los nuevos. Este proceso se asemeja a lo que hace tu portátil cuando vacías la papelera y pulsas «reiniciar».

Vivimos este proceso de reconsolidación cuando tenemos experiencias que cuestionan nuestro concepto de alguien. Piensa, por ejemplo, en el proceso de pensamiento que se produce cuando te traiciona tu pareja. Si descubres que ha tenido una aventura, vas a revisar consciente e inconscientemente los archivos de memoria de vuestra relación y actualizar la información que contienen. Esto ocurre cuando te sientas a escribir sobre la traición e intentas encontrar señales de alarma que se te pasaron por alto. Y también ocurre cuando estás de excursión e intentas disfrutar del día, y se te vienen a la cabeza recuerdos en los que no habías pensado en años.

Este mecanismo es lo que permite reasignar un nuevo significado a los acontecimientos del pasado, cambiar la manera en que pensamos y sentimos sobre ellos, y relacionarnos con ellos de forma diferente cuando tenemos en cuenta nuestra identidad en sentido amplio. Asimismo, es la fuente de algunos de los síntomas más dolorosos de la experiencia traumática: pensamientos invasivos, rumiación, pesadillas y ataques de pánico.

Este mecanismo también forma parte del mecanismo de la repetición compulsiva. La forma más rápida de reconsolidar un recuerdo es tener uno idéntico al lado para compararlo. Cuando no contamos con los componentes necesarios para reelaborar un archivo de memoria —cuando nos faltan piezas de la narración o nos falta la narración por completo, por ejemplo—, volver a ponernos en la misma situación es una forma eficaz de reunir los componentes que nos faltan.

Repetimos para evitar el dominio

Bessel van der Kolk, psiquiatra e investigador especialista en trauma, discrepa de Freud en la idea de que repetimos para alcanzar el dominio. Van der Kolk argumenta que esto no puede ser correcto porque la repetición «solo conduce a más dolor y odio hacia uno mismo».[7] Por una parte, tiene razón: la repetición produce más dolor y odio hacia uno mismo. Por otra parte, que el dolor y el odio sean los resultados no significa que la repetición tenga como objetivo producirlos. Repetir una experiencia traumática o una dinámica de relación es una técnica de afrontamiento. El afrontamiento busca la regulación, aunque parte de él se vuelva enfermizo y destructivo con el tiempo. Tanto si el resultado es sano y productivo como si es todo lo contrario, cualquier mecanismo de afrontamiento tiene como objetivo siempre la integración y la regulación.

También debemos plantearnos que, a veces, lo que está en juego al integrar una experiencia supera con creces lo que supone permanecer desregulado y encerrado en la repetición de patrones. En ocasiones es mucho más fácil repetir una dinámica que admitir lo que hay *detrás* de ella.

Recuerda que nuestros archivos de memoria no solo tienen contenido narrativo y emocional, además tienen *significado*. Si tenemos experiencias vitales fundacionales que son abusivas, para nuestro cerebro eso solo puede significar una de estas tres cosas: que hay algo malo en nosotros, que el mundo es terrible y todas las personas son maltratadoras, o que quienes nos maltrataron sencillamente no nos querían. Todas estas posibilidades son trágicas y desgarradoras, pero la tercera es quizá la peor, sobre todo si los maltratadores eran nuestros padres.

A veces, abrirnos a nuevos malos tratos es una forma de proteger a nuestros maltratadores originales, no porque queramos absolverlos, sino por lo que significaría no hacerlo.

Repetimos porque es una sensación familiar

Estoy sentada en la mesa de una sala de juntas y el director general de la pequeña organización sin ánimo de lucro para la que trabajo está gritando, sudando y tan rojo que parece que va a estallar. Es bastante alto y se eleva por encima de mí y de mis colegas, como si su estatura y su voz retumbante y agresiva no fueran ya suficientes para marcar su poder con suficiente claridad. No tengo ni idea de por qué grita. Hace tiempo que me desconecté. El sol atraviesa las puertas acristaladas de la sala de conferencias y se refleja sobre la mesa, volviéndola tan cegadoramente blanca que hace que todo en mi visión periférica se vuelva rosado. Siento que me duele la cabeza. Estoy como ida, completamente en blanco. De repente, el hombre grande, rojo y gritón se dobla sobre sí mismo y se deja caer dramáticamente en su asiento, como si lo hubiera abatido la bala de un francotirador. Un interruptor en lo más hondo de su ser se activa y hace que se convierta en una versión totalmente distinta de sí mismo. En lugar de gritar y escupir, ahora respira más despacio y habla en tono dulce, recordándonos que «por encima de todo, el orden es Dios, la familia y *luego* el trabajo». Extiende las manos como si fuera una figura sagrada dando las gracias en una hermosa comida, como si los gritos que acaban de producirse formaran parte de un ritual espiritual, una especie de purga necesaria antes del gran despertar.

En cuanto este interruptor se activa, algo dentro de mí también lo hace. Vuelvo a sumergirme en mi cuerpo y mi ritmo cardiaco se dispara a ciento ochenta aunque esté sentada y quieta. De repente siento un sabor metálico de adrenalina en el fondo de la garganta y noto que mi piel se ruboriza y adquiere un color rojo oscuro ardiente. Paso de no estar presente en absoluto en mi cuerpo a querer destrozarlo todo en la habitación con tal de salir. Ignoro todo lo que ocurre en mi organismo lo mejor que puedo. Lo atribuyo a la ansiedad general.

Y entonces el hombre nos lleva a todos a cenar. Caminamos por el paseo marítimo hacia el restaurante, codo con codo, riendo de manera cómplice, como si acabáramos de salir de una reunión de trabajo completamente normal, como si no hubiera pasado nada.

Más tarde, esa misma noche, estoy contándole la historia a un amigo por teléfono cuando recibo la primera señal de que tal vez mi cerebro ha atribuido un significado equivocado al archivo de recuerdos. Estoy contando la historia como si fuera del tipo «escucha esta tontería que ha hecho hoy mi jefe».

—Gritar nunca está bien —dice mi amigo, como si fuera obvio.

—Bueno, es una *start-up*, es estresante, y tenemos una reunión de la junta... —empiezo a justificarme.

—Gritar nunca está bien —repite.

—Quiero decir, todo el mundo llega a ese punto...

—Ya, ya. Aun así, gritar nunca está bien.

Él no lo sabe, pero esa frase, repetida suavemente tres veces, hace que se me salten las lágrimas y tenga que tenderme para detenerlas.

Pensé en esta frase de cuatro palabras durante meses: gritar nunca está bien. Una parte de mí trataba de resistirse *con todas sus fuerzas* a esta idea. Porque en mi vida *siempre* había habido gritos. Esta dinámica comenzó en casa, con mi madre. Siempre que empezaba a sentirse fuera de control o asustada, había gritos. Y gritos. Y gritos. Y entonces, sin más, el interruptor cambiaba y se producía una oleada de amabilidad y normalidad, nunca una disculpa, sino un enderezamiento del mundo que acababa de ponerse patas arriba.

Una parte de mí sabe que nunca debería haber habido gritos. Que no deberías aprender cuando eres *muy* pequeña que la mejor manera de manejar una situación es disociarte de tu cuerpo y alejarte de la realidad hasta que no puedas oír ni ver. Que alguien debería haberlo impedido. Pero no lo hicieron, y por eso mi respuesta traumática fue moldeada por esto. Y ha sido una dinámica que he repetido.

Me gustaría decir que solamente ha habido dos situaciones como esta en mi vida, pero sería mentira. Ha habido muchas, *muchísimas*. No las registré. No podía entenderlas. Ni considerarlas inaceptables porque me resultaban familiares. Atribuí la respuesta de mi cuerpo a la ansiedad. Supuse que había algo que fallaba en mí. Por ejemplo, no dejé aquel trabajo cuando debía haberlo hecho porque para mí ese comportamiento descontrolado y abusivo era normal. No lo veía así porque me sentía como en casa.

Por cierto, estaba en ese trabajo para enseñarles acerca de la respuesta al trauma, cuyos síntomas son tan sorprendentes y adaptativos que incluso los expertos los pasan por alto.

Repetimos debido a nuestra neurobiología: la cresta mohicana de la autoconsciencia

Resulta que todas las partes de nuestro cerebro asociadas con conocernos a nosotros mismos discurren por el centro del cerebro, desde justo encima de los ojos hasta la parte posterior de la cabeza, ya sabes, como una cresta rosa. Es una combinación completamente accidental de estética *punk-rock* y estructura cerebral.

Puedes concebir esta cresta rosa como la versión más segura de ti mismo, rebelde, decidida y un poco gamberra. Que sabe dónde está (el cíngulo posterior nos da una idea de dónde estamos en el espacio), qué tipos de música y arte le apasionan (los lóbulos parietales se encargan de integrar la información sensorial), qué siente (la ínsula lleva mensajes de la percepción a los centros de la emoción), qué piensa sobre cómo se siente (el cíngulo anterior coordina las emociones y el pensamiento) y qué va a hacer al respecto (el córtex prefrontal medial es fundamental en los procesos de toma de decisiones).

Los investigadores han descubierto que, en las personas no traumatizadas, la cresta de la autoconsciencia se enciende con frecuencia. En un cerebro sano existe un proceso casi constante de autocontrol y de utilización de las experiencias internas y externas para reforzar el sentido de sí mismo. La experiencia corporal, el pensamiento y las emociones están totalmente integrados y la energía fluye entre estas áreas del cerebro para unirlas y comprenderlas.

En las personas traumatizadas, en cambio, hay una *fuerte* disminución de la actividad en la cresta de la autoconsciencia. En quienes tienen TEPT crónico, casi no existe. Es tenue, apagada. Esto significa que las partes del cerebro responsables de integrar la información sensorial, notar las fluctuaciones de la experiencia corporal, comunicar la experiencia emocional y tomar decisiones están esencialmente desconectadas. Y cuando lo están, es mucho más difícil ser consciente, conectar con los estados internos y dar sentido al mundo exterior, por no hablar de avanzar en él. ¿Recuerdas a las mujeres del estudio de las esposas maltratadas de los años sesenta?

Todas compartían los mismos rasgos de personalidad: se sentían desconectadas, eran frías, pasivas e incapaces de tomar decisiones. Eran así porque su experiencia traumática había alterado su función cerebral.

Pero espera. Si la respuesta al trauma es adaptativa, ¿cómo puede tener sentido esta alteración de la función cerebral? ¿Por qué desconectaría el cerebro las partes que podrían ayudarnos a reconocer situaciones abusivas y retirarnos de ellas?

Porque a veces la adaptación más rápida y eficaz es *dejar de sentir por completo*.

Como respuesta a las experiencias traumáticas abrumadoras, el cerebro aprende a desconectar las partes que registran y detallan esas horribles experiencias. Si no es posible escapar de una situación terrible, la mejor forma de sobrevivir es sentir *menos*, notar *menos*, pensar *menos*. Se trata de una respuesta inteligente y a la vez desgarradora. En el momento, te puede salvar del agobio aplastante, pero a largo plazo te incapacita para verte *como* un individuo, tomar decisiones como tal y entender las emociones de los demás, y todo eso te lleva a una mayor victimización.

En otras palabras: repetimos experiencias peligrosas o perjudiciales porque nos hemos perdido neurobiológicamente.

De nuevo, estas son solo cuatro situaciones posibles que pueden obligarnos a repetir nuestras experiencias vitales más terribles. Es probable que haya muchísimas más. Quizá detallarlas todas no sea tan importante como saber reconectar con nosotros mismos cuando estemos en un ciclo de repetición.

LOS FRAGMENTOS

Al terminar el borrador de la declaración de Erica, envié un correo electrónico a mi querido amigo Chris. No le conté nada sobre Erica, por supuesto, ni sobre la declaración que estábamos escribiendo juntas. Me limité a divagar durante un par de párrafos sobre los imanes de tierras raras. Le expliqué cómo pueden romper huesos si el cuerpo queda aprisionado entre ellos. Y que si se permite que dos de ellos se acerquen demasiado, pueden golpearse con tal fuerza que el material se haga añicos. También le comenté que los fragmentos que vuelan pueden causar lesiones.

Cuando desperté por la mañana, me esperaba un correo electrónico de Chris. En él me contaba una historia sobre una visita a un festival de arte con su mujer:

Hay una caja de joyas en particular que me llama la atención. Dentro hay diminutos discos de plata, de aproximadamente la mitad del diámetro de una moneda de diez centavos,* que están unidos entre sí para formar pulseras. Pregunto al diseñador por los dibujos de los discos, que parecen caracteres chinos pero que claramente no lo son:

—¿Son aleatorios o intencionados?

—Completamente al azar.

Luego nos dice que le sobraron virutas de plata de las otras piezas. «Las piezas principales», podría haber dicho. No quería pasar por la molestia de enviar las virutas a su proveedor para que las fundiera, así que ahora, cuando tiene suficientes virutas, las deja caer aleatoriamente

---

* N. del T.: Unos 18 milímetros de diámetro, es decir, muy parecida a los diez céntimos de euro.

juntas en estos discos, les aplica el calor justo para que se mantengan unidas, pero no tanto como para que se fundan por completo. No tanto como para que pierdan sus formas individuales. No. Aún puedes ver las hebras de plata únicas, algunas del diámetro de la seda del maíz, que se han juntado y reflejan la luz de distinta manera y de la forma más bella, y ahora lo sabemos, completamente aleatoria.

Y no pretendo dármelas de entendido, pero me sorprende que estas piezas, las más hermosas de toda la exposición de arte, sean los restos. Los fragmentos.

Esta es la última pieza que faltaba: los fragmentos. Estamos malinterpretando los fragmentos que deja nuestra experiencia traumática y lo que esos fragmentos le añaden a la respuesta al trauma. Los estamos entendiendo mal porque impregnamos de vergüenza nuestras experiencias traumáticas y nuestra respuesta a ellas. Nos empapamos de vergüenza hasta que ese sentimiento se transforma en lo único que podemos ver, lo único que somos y que corre por nuestras venas.

El problema no es la forma en que respondimos al trauma inicial, sino nuestra *vergüenza* por la forma en que respondimos. Nuestra vergüenza por el extraño magnetismo que subyace bajo algunos de nuestros comportamientos. Por saber que nuestro comportamiento hacía saltar fragmentos cada vez que chocábamos con la persona a la que nuestro vínculo traumático nos mantenía unidos.

Por seguir repitiendo nuestro comportamiento, nuestras terribles experiencias.

Los fragmentos pueden ser peligrosos y causar lesiones. Pero también pueden atrapar la luz y *brillar*. Pueden ser los trozos más hermosos.

Esto quizá te parezca contrario a todo lo que he escrito aquí. Incluso irrespetuoso.

Cuando Erica contemplaba su historia, solo veía dolor, sufrimiento y un comportamiento inexplicable. En los años sesenta, los investigadores que estudiaban el maltrato doméstico llegaron a la conclusión de que existía una afección que consistía en necesitar el dolor. Freud, que examinó la compulsión a la repetición, pensó que obedecía a una fuerza demoníaca incomprensible.

La increíble fuerza interna del imán de tierras raras tira de él empujándolo a la *unidad*. Esta increíble fuerza interna que nos empuja hacia alguien que nos causa dolor siempre tiene como objetivo la *adaptación*. Los fragmentos son la prueba no de nuestra ruptura, sino de esa tremenda fuerza de adaptación. Por eso resplandecen y son hermosos.

Una vez que conocemos esta fuerza, que somos conscientes de su tremenda fortaleza y somos capaces de mirarla a la luz en lugar de avergonzarnos, podemos *dirigirla*.

CONCLUSIONES Y HERRAMIENTAS

No hay una herramienta que por sí sola te saque de una relación dañina. Ninguna que corte rápidamente las cadenas de un vínculo traumático. Ni que te asegure que a partir de ahora evitarás todas las relaciones dañinas en el futuro. No existe *una sola* herramienta que lo haga. Las necesitas *todas*. Y también a un terapeuta y una red de apoyo. Además, tendrás que ser dolorosamente consciente de que, incluso cuando utilices todas las herramientas, podrías terminar humillado, magullado y aturdido entre los escombros que ha provocado, una vez más, una colisión entre imanes de tierras raras.

Y...

Hay herramientas para la esperanza, herramientas que te recuerdan que, incluso en medio de los escombros, la esperanza sigue estando ahí: agrietada y reluciente, resistente y firme. No se trata de la esperanza del sol y el arcoíris. Es el tipo de esperanza que se pone en pie tras recibir un puñetazo, escupe una bocanada de sangre, tal vez un diente, y sigue adelante a pesar de que le zumben los oídos y le tiemblen las rodillas. La esperanza que permanece a tu lado mientras te asomas al oscuro y turbulento abismo, respira hondo y dice: «Bien. ¿Y ahora qué?».

INDEFENSIÓN APRENDIDA Y APRENDIZAJE DE LA ESPERANZA

Una de las razones por las que el síndrome de la mujer maltratada prevaleció durante tanto tiempo es que se correspondía con la teoría conductista sobre los efectos de la experiencia traumática en la personalidad. Antes de que conociéramos los mecanismos cerebrales implicados en la respuesta a los acontecimientos traumáticos, se pensaba que tras los acontecimientos adversos la indefensión se convertía en un rasgo aprendido. En otras palabras, la indefensión era una postura fija y general, más que una emoción ligada a un acontecimiento abrumador o a un conjunto de circunstancias complejas. La teoría era que, una vez que una experiencia traumática te abatía, tu comportamiento se modificaba para operar desde un lugar de desesperanza. Este cambio hacía muy difícil escapar de las malas situaciones porque ahora creías que era imposible experimentar algo que no fueran malas experiencias. Si esto era así, ¿a qué escaparías exactamente? ¿A otro tipo de mal? No, gracias. ¿Para qué molestarse?

Esta teoría —que aprendemos la indefensión y luego se convierte en un rasgo de la personalidad— surgió de la investigación realizada por Martin Seligman y Steven Maier a finales de los años sesenta. Seligman y Maier especularon que cuando se exponía repetidamente a los animales a sucesos adversos, estos aprendían que sus acciones no influían en dichos sucesos, es decir, que estaban fundamentalmente indefensos en el mundo. Esta lección, a su vez, hacía que a los animales les resultara imposible escapar de futuras situaciones adversas, incluso cuando la vía de escape parecía sencilla y obvia. Operaban bajo la creencia general de que daba absolutamente igual lo que hicieran. En otras palabras, habían aprendido la indefensión.

Esta idea de que los acontecimientos adversos pueden conducir a un sentimiento global de impotencia y a una pasividad general se convirtió en la teoría predominante para explicar por qué a veces permanecemos en relaciones abusivas y terminamos una y otra vez en ellas.

Cincuenta años después, Seligman y Maier se dieron cuenta de que habían entendido la teoría al revés. Era cierto que, al exponerse repetidamente a acontecimientos adversos, las personas tienden a cerrarse y a volverse indefensas, pero *no* porque aprendan este comportamiento. Al contrario, se debe a que la respuesta al trauma se dispara. Cuando una situación es mala y se prolonga lo suficiente, esta respuesta —que forma parte de nuestra naturaleza innata y está concebida para *fortalecernos y sobrevivir*— nos bloquea. El acto de desconectar en una mala situación conserva la energía y aumenta las probabilidades de sobrevivir. Si nos exponemos a muchas circunstancias negativas y peligrosas, el sistema se bloquea y *permanece* bloqueado.

Lo que esto significa es que la depresión y la pasividad en respuesta a acontecimientos adversos no son comportamientos aprendidos. Son nuestra respuesta evolutiva innata. En otras palabras, lo que ocurría tras una experiencia traumática tenía un origen neurobiológico, *no* conductual.

Para decirlo más claramente: cuando te encuentras en una mala situación, a veces te bloqueas porque tu neurobiología diseñó un mecanismo de protección que te impide salir de ella. Este hecho puede parecer bastante condenatorio. Da la impresión de que estamos hechos para hacernos daño, para quedarnos *bloqueados* a pesar de saber racionalmente que necesitamos movernos. No es así. Solo necesitamos mirar fijamente al abismo un poquito más.

«Bien —dice esa esperanza áspera y reluciente— ¿y ahora qué?».

La mejor manera de comprender lo que ocurre y recobrar la esperanza es imaginar los circuitos cerebrales como los circuitos eléctricos de una casa. A veces es desconcertante, sobre todo si no tienes idea de lo que hay detrás de las paredes. Cuando te mudas a una casa nueva, aprendes rápidamente cuánta actividad eléctrica puede soportar. Probablemente descubras que si pones en marcha el aire acondicionado al mismo tiempo que el secador de pelo, salta un fusible. O que el microondas y el lavavajillas no pueden encenderse a la vez sin que parpadeen todas las luces del salón. La idea general es que los circuitos eléctricos no dan abasto y que no puede funcionar todo al mismo tiempo.

Tus circuitos cerebrales son iguales. Como el cerebro altera el flujo sanguíneo y la actividad eléctrica en respuesta a estímulos internos y externos, a menudo está pasando energía de un circuito a otro. Algunos circuitos del cerebro no pueden estar encendidos al mismo tiempo que otros porque requieren demasiada energía, como el aire acondicionado y el secador de pelo.

No es necesario comprender el funcionamiento preciso de los circuitos cerebrales. Todo lo que hace falta es una idea general de qué interruptores controlan cada circuito y qué circuitos toman demasiada energía de los demás.

Podríamos llamar a los dos circuitos que nos conciernen *circuito del miedo* y *circuito de la esperanza*. Cuando el circuito del miedo se activa por el *shock* de una experiencia adversa, sustrae *muchísima* energía de los demás circuitos. *Esto* es lo que impide la huida. Las partes del cerebro necesarias para ver la huida como una opción, planificarla y ejecutar el plan están desconectadas cuando se ha activado el circuito del miedo. Así que la huida se convierte en *neurobiológicamente imposible.* Por mucho que quieras poner en marcha el aire acondicionado y el secador de pelo al mismo tiempo, no puedes. Así que te adaptas activando y desactivando los circuitos. Apagas el aire acondicionado y pones el secador de pelo, apagas el secador de pelo y vuelves a encender el aire acondicionado. Podemos hacer lo mismo en nuestro cerebro. Aunque tenemos *la sensación* de que la desconexión que se produce cuando se enciende el circuito del miedo es permanente y está fuera de nuestro control, no es así. Este circuito del miedo puede amortiguarse si cambiamos a otro circuito que no puede estar conectado al mismo tiempo: el circuito de la esperanza, como lo han denominado Seligman y Maier.

Al igual que el circuito del miedo, el de la esperanza requiere todo tipo de energía y actividad eléctrica. Eso significa que cuando se enciende, el centro del miedo *tiene que* apagarse. Una forma de alterar el flujo eléctrico en nuestro cerebro es a través de nuestros pensamientos.

Pensando en el control medible y real que tenemos sobre nuestra situación actual, podemos encender el circuito de la esperanza. Apoyarse en la sensación de control contrarresta la sensación de pasividad.

¿Tienes dudas? Lo entiendo. Parece imposible que sea tan sencillo desactivar algo tan poderoso como nuestro circuito del miedo. Pero deja que te lo muestre. Quiero que imagines un limón colocado sobre una tabla de cortar en la encimera de la cocina. El limón tiene un color amarillo perfecto. La luz entra por la ventana y cae en diagonal sobre la tabla de cortar. Agarras tu mejor cuchillo y cortas el limón por la mitad. Inmediatamente empieza a salir zumo por la superficie de las mitades recién cortadas. Las gotas de limón caen por su superficie y brillan al sol, y cuando respiras hondo, el olor a limón es casi abrumador: brillante, fuerte y fresco. Tras la siguiente inspiración, tomas una de las mitades del limón y le das un buen mordisco, clavando los dientes en la pulpa de la fruta. Tu boca se frunce cuando el zumo ácido la llena.

Justo ahora, al leer este párrafo, ¿has empezado a salivar? ¿Aunque solo sea un poco? Seguro que sí. ¿Lo ves? Acabas de utilizar tus pensamientos para alterar tu composición biológica.

En realidad, no has mordido un limón. Tu boca empezó a producir saliva al *pensar* en morderlo. Cambiaste tu respuesta neurobiológica con una *idea*. Ni siquiera era tu idea, sino una que leíste. ¿Qué nos demuestra esto? Que lo que pensamos modifica nuestra composición química cerebral y lo que altera nuestra química cerebral también cambia nuestra composición biológica.

Cuando piensas en cosas que te dan miedo, tus pensamientos ponen en marcha el circuito del miedo y tu cuerpo comienza a sentirse activado. Al instante, notas que este circuito repercute en todo tu cuerpo. Puede que tu ritmo cardiaco aumente. Quizá empieces a sudar un poco. Tal vez sientas una constricción en el estómago, una repentina y aguda sensación de alerta, un enderezamiento de la columna vertebral. Puedes notar que estas cosas ocurren, aunque racionalmente sepas que no estás en peligro. Lo mismo sucede cuando ves una película de miedo con tus amigos: sientes miedo en tu cuerpo, aunque racionalmente sepas que estás a salvo.

El circuito también funciona a la inversa. Si te detienes y te centras en algo que te haga reír, en alguien a quien quieres o en tu revoltosa mascota, el miedo se disipa como la niebla que se disipa bajo el sol de la tarde. En su lugar sentirás que la calma y la paz se extienden por tu cuerpo como una suave ola. Sentirás relajación donde antes había tensión y una amortiguación o un ligero desenfoque de tus sentidos donde había una intensidad de láser.

Activar el circuito de la esperanza con tus pensamientos te hará sentir menos miedo, menos indefensión, más esperanza y más posibilidades. El circuito del miedo y el circuito de la esperanza funcionan como contrapesos: levanta uno y el otro bajará automáticamente.

¿Cómo se activa el circuito de la esperanza? Aquí tienes dos ejercicios rápidos.

HERRAMIENTA PARA EL TRAUMA: RECALIBRA TU ESFERA DE PODER

Un elemento central de la experiencia de indefensión es la sensación de no tener ningún poder. Cuando una persona se tambalea tras una experiencia traumática o vive una situación traumática en la actualidad, su cerebro se queda atrapado en el circuito del miedo y la palabra *indefensión* resuena en su cuerpo con tanta frecuencia y regularidad como los latidos de su propio corazón.

Tal vez creas que hacer grandes cambios es la única forma de demostrar que tenemos influencia sobre nuestras vidas. Este pensamiento es problemático en un par de sentidos. Para empezar, estamos ante situaciones en las que los grandes cambios parecen *imposibles*. Forzarnos a hacer grandes cambios desde un déficit tan profundo nos aboca al fracaso. Aunque funcione a corto plazo, suele fracasar a la larga, porque polariza nuestra capacidad de acción. O somos completamente libres o no lo somos en absoluto. A la primera señal de un obstáculo, se vuelve a demostrar que estamos equivocados y volvemos a creer que somos gatitos *totalmente* indefensos y maulladores en una cesta existencial.

Es más eficaz centrarnos en los numerosos aspectos en los que sí podemos influir. Cuando nos sentimos realmente atrapados y estamos convencidos de que no existen esos ámbitos, es superpoderoso descubrir cuántos pequeños reductos de influencia hay repartidos a nuestro alrededor.

Paso 1. Ahora mismo, mientras lees, piensa en las distintas acciones que podrías emprender en este momento. Pueden ser ínfimas o más sustanciales. Tú decides.

Paso 2. Elige una o dos para llevar a cabo.

Paso 3. Mientras realizas tu(s) tarea(s), concéntrate en cuántas posibilidades había y en cómo te sientes al elegir una y completarla.

¿No has encontrado nada? He aquí algunos ejemplos. Podrías levantarte y cerrar la ventana, abrir las cortinas, encender una lámpara, tomar un analgésico o una galleta o prepararte una taza de té. Puedes cerrar este libro (aunque sea fantástico) y retomarlo más tarde. Tumbarte en el suelo y estirar la espalda. Agarrar el móvil y jugar al Tetris, porque toda esta charla sobre la indefensión y el maltrato te ha agobiado un poco. Podrías llamar a tu hermana o apagar la luz e irte a dormir. Ponerte las gafas de leer, girarte hacia el otro lado, mullir una almohada o acariciar a tu perro. Levantarte y acercarte al termostato para subir la calefacción. Ir a la cocina y poner un plato en el lavavajillas y dejar el resto en el fregadero. Quizá lavar la ropa sucia o ir a ver si tienes un limón en la nevera. Ponerte las zapatillas de montaña y salir por la puerta, o limpiar el coche. Tomar un vaso de agua y beber tres sorbos, contando cada uno de ellos. Podrías respirar profundamente tres veces e intentar recordar dónde está tu diafragma. Buscar salsa para la pasta en la cocina, pensando en qué preparar para cenar. Investigar en Google qué opiniones hay sobre tener un conejito de mascota o ver las casas lujosas del barrio más exclusivo para burlarte de la decoración recargada. También podrías encender una vela aromática, comerte unas patatas fritas o ver un *reality*.

Cada vez que pienses en una lista de pequeñas acciones que puedes llevar a cabo y elijas una o dos, por pequeñas que sean, estarás restaurando la sensación de control y expectación en tu cerebro. ¿Por qué funciona? Porque la consciencia de control es uno de los interruptores del circuito de la esperanza. Al centrarte en cosas que puedes controlar, desconectas el circuito del miedo. Esto inhibe el centro del miedo y hace que se desvanezca la sensación de impotencia.

Por último, una parte clave de lo que hace que las experiencias traumáticas —y quizá especialmente las que ocurren en el seno de relaciones abusivas— sean tan demoledoras es que pierdes el contacto contigo mismo. Dejas de verte como alguien que tiene una personalidad única, alguien que puede tomar decisiones y cumplirlas.

Una de las estructuras cerebrales que operan en la matriz del circuito de la esperanza es el córtex prefrontal medial. Recordarás que esta estructura forma parte de la cresta de la autoconsciencia y es fundamental para los procesos de toma de decisiones. Al centrarte en tu esfera de poder y tomar pequeñas decisiones, cambias cómo te sientes en ese momento y además reconectas con la parte del cerebro que te reconoce como individuo. Con el tiempo, el restablecimiento de la conectividad neuronal con esta zona del cerebro te ayuda a volver a ser tú mismo.

HERRAMIENTA PARA EL TRAUMA: ESPERANZA ABSURDA

En un momento especialmente complicado de mi vida, me encontré sumida en una oscuridad total y absoluta, de esas que se tragan todo y te hunden en la tierra. Apenas podía ponerme en pie por las mañanas y sentía constantemente como si la gravedad intentara arrastrarme hacia el núcleo incandescente de la tierra. No tenía fuerzas ni para ducharme antes de ir a trabajar, mucho menos para vestirme con ropa que no fuera de andar por casa. No soportaba sentarme en el escritorio. Me aplicaba un poco de maquillaje y rímel para parecer una persona que dormía, me conectaba al ordenador en pijama y me colocaba un pañuelo alrededor del cuello para ocultar que llevaba una camiseta con agujeros. Entre sesión y sesión, me tumbaba en el suelo junto a la mesita y escuchaba ruidos de construcción y cuervos mientras miraba al techo. Al final del día, cambiaba los pantalones del pijama por los de yoga y me arrastraba hasta el estudio. Durante *Savasana* (postura del cadáver) lloraba en silencio sobre mi esterilla.

En esa época, comencé a investigar sobre el circuito de la esperanza. Me topé con un ejercicio que consistía en soñar con la vida futura y, por muchas veces que lo intentara, lo único que sentía eran punzadas de rabia. La esperanza me parecía ridícula y absurda, como un lujo que no podía permitirme. *¿Qué* vida futura? Todo me parecía imposible porque gastaba cada gramo de energía que tenía en sobrevivir momento a momento.

Lo que contrarrestaba mi rabia era que los descubrimientos científicos sobre el cerebro resultaban muy convincentes. Quería utilizar la esperanza para tender un puente entre un futuro imposible y otro posible. Llegué a la conclusión de que el circuito de la esperanza se activaba, en gran medida, al imaginar el futuro con todo lujo de detalles. Daba absolutamente igual que el futuro *se hiciera realidad* o no. Lo que importaba era que, al visualizar, el cerebro cambiaba.

Así que, durante cinco días, dediqué quince minutos al día a imaginar un futuro de la manera más detallada posible. Eso sí, me aseguré de que era un futuro que sabía que no iba a hacerse realidad. Me imaginé que era una bailarina que vivía en París. Llevaba una boina, calentadores de cachemira y tutús de tul. Tenía una bicicleta con una cesta y dentro llevaba una *baguette*. Mi apartamento tenía un tragaluz en la cocina, que chirriaba terriblemente cada vez que lo abría. Por la noche bebía vino rosado espumoso y me divertía con un grupo de amigos encantadores.

Al día siguiente, me imaginé que era la dueña de una pequeña floristería en Savannah, Georgia. Teníamos peonías todo el año y nuestra tienda era famosa por ello. Me pasé medio día preparando peonías para enviarlas a otros estados y países y me sentí un poco preocupada por ello. Si de repente las peonías estuvieran siempre disponibles, ¿serían menos especiales? Tenía un *golden retriever* mayor que venía a la tienda y roncaba detrás del mostrador.

Ya me entiendes.

En apenas cinco días noté un cambio considerable en mí. Tenía mucha más energía; dejé de quedarme tumbada en el suelo entre sesión y sesión, y en lugar de eso empecé a levantarme y hacer cosas. Me duchaba antes del trabajo y me sentaba en mi escritorio. Seguía llorando en la esterilla de yoga al final del día, pero lo hacía con menos dificultad y no sentía ya tanto miedo. Pese a que no acababa de creérmelo, empecé a fijarme de nuevo en las posibilidades. La luz del sol dejó de parecerme opresiva y se convirtió en una invitación a salir y dar un paseo. Sé que esto parece una exageración, que no debería ser posible sentir un cambio así tan rápidamente, pero créeme cuando te digo que yo también era totalmente escéptica. La cuestión es que *funcionó*. Desde entonces, he probado esta visualización con grupos y clientes individuales. Descubrí que esta herramienta no funcionaba solo para mí; funciona en general.

A veces no es posible hacer un gran cambio ni entender por qué estás en la situación en la que estás. Sin embargo, siempre puedes cambiar cómo te sientes. Y eso marca la diferencia, por muy pequeña que sea.

Así es como puedes hacer este ejercicio:

Paso 1. Reserva quince minutos al día para ti. Pon el móvil en silencio y apaga la televisión. Si te cuesta desconectar, haz este ejercicio en la ducha, durante un paseo o mientras lavas el coche.

Paso 2. Sueña con una vida totalmente fuera de la realidad, una que *sepas* que es imposible. Escoge un escenario del argumento de una película. Imagínate como una astronauta aunque seas profesora o como un cirujano plástico brasileño multimillonario aunque trabajes en una tienda.

Paso 3. Entra en esa vida como si estuvieras poniéndote una película. Imagina la escena con el mayor detalle posible. ¿Qué llevas puesto? ¿Qué aspecto tiene el lugar donde estás? ¿Qué tipo de amigos tienes? ¿Qué haces para divertirte?

Paso 4. Haz esta ensoñación cada día durante quince minutos y observa qué cambia en una semana.

Hay dos razones por las que te sugiero que pienses en una situación absurda. En primer lugar, te ofrece más margen creativo. Puedes imaginar cosas totalmente ilógicas e imposibles (ser un perro, por ejemplo) en lugar de dedicar tiempo a buscar algo que esté a tu alcance y tratar de doblegarte a las limitaciones de la realidad. En segundo lugar, si pasas el tiempo pensando en algo que sabes que no sucederá o no puede suceder, será mucho menos probable que te inclines por algo que reactive esa vieja amígdala. Cuando intentamos manifestar nuestro propio futuro, es probable que empecemos a preocuparnos: «¿Y si imagino una boda con mi pareja actual con todo lujo de detalles y rompemos en tres semanas?». O: «¿Y si sueño con comprarme un pequeño *bungalow* al otro lado del país, pero mi carrera me lo impide y me siento resentido por ello el resto de mi vida?». No se trata de que empieces a manifestar tu futuro, sino de que vuelvas a activar la parte de tu cerebro que sueña sin límites.

CAPÍTULO 7

El combate de boxeo de Lily

Nunca es tarde para sanar

El héroe y el cobarde sienten el mismo miedo. La diferencia estriba en lo que hacen. Lo que hace uno lo convierte en héroe y lo que el otro no hace lo convierte en cobarde.

Cus D'Amato

Lily se está muriendo.

Veo cómo la gravedad tira de ella, le succiona las mejillas y le hunde los hombros en la tierra. Pierde peso tan deprisa que parece como si se convirtiera en arena delante de mí y se deslizara hacia el mar.

Lily se está muriendo y no sé si lo sabe. Nunca lo ha dicho. De hecho, no hablamos en absoluto de su cáncer. Los médicos están tratando de averiguar dónde empezó, lo que significa que ahora está en todas partes. Yo lo sé, pero no sé si ella lo sabe. Está ocupada intentando desenredar el gigantesco ovillo que es su vida. Trato de recordar que las vicisitudes de su cáncer no son relevantes si no quiere. No está aquí para hablar conmigo de su enfermedad, sino para hablar de su familia y su horrible infancia y aprender a liberarse por fin del miedo. No tiene tiempo para hablar de cáncer. En realidad, se le acaba el tiempo y hay muchas cosas que aún no ha comprendido.

Lily se está muriendo, y yo lo sé, no sé si ella lo sabe. No es, ni mucho menos, la primera vez que me quedo a solas con el conocimiento de algo terrible que en realidad le pertenece a otro ser humano. Aun así, la frase *Lily se está muriendo* pasa por mi cabeza periódicamente, como un centinela que monta guardia y hace rondas, para mantener el orden y asegurarse de que no lo olvide. A veces me susurro esas palabras en alto para darles otro espacio en el que existir.

Lily lleva camisas de cambray y jerséis de gran tamaño para abrigarse o para ocultar su pérdida de peso. Una mañana, cuando toma la taza de café y bebe un sorbo, la manga de su enorme camisa se desliza desde la muñeca hasta el codo y deja al descubierto su antebrazo. Me quedo sin respiración. Es pura piel y huesos.

Tenemos mucho trabajo que hacer y se nos acaba el tiempo.

Me llama un viernes por la noche, jadeante. Tengo amigos en casa, así que me cuelo en el baño y cierro la puerta para contestar.

—¿Lily? ¿Estás bien?

—He tenido una epifanía —se apresura a explicar con su voz ronca—. He estado explorando mis recuerdos y he encontrado un pequeño fragmento. Ahora creo que sé por qué siempre he tenido tanto miedo.

Al oír esto, me siento en el suelo del baño, me pongo la mano en la oreja izquierda para tapar el ruido de las copas de vino y la música que viene del otro lado de la puerta y respiro hondo.

—¡Muy bien! Estupendo. Dime. ¿Qué fragmento? ¿Qué has encontrado?

—¡Oh! —Lily respira tan hondo como puede y sigue rememorando—. Bueno, después de que habláramos el otro día, me vino este recuerdo de esconderme en el armario cuando ya era hora de que mi padre volviera a casa. Había decidido que esta vez no me iba a quedar esperando al pie de la escalera como mis hermanos. Me iba a poner firme. Era algo muy importante no estar toda reluciente y perfecta y quedarme allí a esperarlo. La única vez que eso estaba permitido era si estabas enferma, y tenías que estar muy enferma para no aparecer.

Las palabras suenan como si estuvieran dejando marcas de cuchillo en la parte posterior de su garganta, pero de alguna manera Lily parece contenta. Libre.

—En fin, estaba sentada en mi armario. Había cerrado la puerta y apretado las rodillas contra el pecho y estaba casi mareada al pensar en lo que estaba a punto de ocurrir. No iba a salir de ahí. Mi padre iba a ver quién era yo.

Lily no suele hablar con tanta energía y entusiasmo al referirse a su pasado. Normalmente suena apagada, lenta, inexpresiva.

—Me estoy dando cuenta de lo mucho que hay de ti en esta historia, Lily. La mayoría de las veces, cuando hablas de tu infancia, todo tu «yo» se escapa de la historia mientras la cuentas.

—Lo sé —dice ella—. Este es el fragmento. Estaba subvirtiendo el poder, dándole la vuelta a la tortilla, como tú dices siempre.

SUBVERTIR EL PODER

En un famoso combate de boxeo celebrado en 1974 y llamado «The Rumble in the Jungle» ('la pelea en la jungla'), Muhammad Ali se enfrentó a George Foreman, y estaba previsto que perdiera. Foreman era el campeón mundial invicto de los pesos pesados y era famoso por la increíble fuerza de sus golpes. A Ali no solo se lo consideraba inferior, sino que se temía que muriera en el cuadrilátero.

Sin embargo, Ali tenía un arma secreta, una estrategia que llamaba «marear contra las cuerdas».[*] Apoyado contra las cuerdas, dejó que su oponente lo golpeara una y otra vez. Cubriéndose la cara, dejó que los potentes golpes de Foreman cayeran sobre sus brazos y su cuerpo y fueran absorbidos por las cuerdas que tenía detrás. Ali estaba esperando. Su contrincante era implacable, pero enseguida empezó a cansarse. Los golpes potentes requerían energía, y Ali estaba ahorrando la suya, devolviendo los puñetazos con *jabs* rápidos solo cuando podía golpear a Foreman justo en la cara.

---

[*] N. del T.: *Rope-a-dope* en el original.

Cuando Foreman comenzó a cansarse visiblemente, Ali se burló de él. «¿Eso es todo lo que tienes, George? Me dijeron que sabías pegar», le susurró al oído. Frustrado, agotado y ahora avergonzado, Foreman se agotó rápidamente.

Había llegado el momento. Ali hizo acopio de toda la energía que había ahorrado y, en el octavo asalto, asestó unos cuantos ganchos de derecha aplastantes, un combo de cinco puñetazos y un último gancho de izquierda devastador. Para sorpresa de todos, Foreman quedó fuera de combate. Ali no solo sobrevivió, sino que ganó.

Para preparar la pelea Ali no trató de volverse más fuerte ni más rápido. Lo que hizo fue descubrir cómo subvertir el poder y utilizar el formidable poder de Foreman contra él. La palabra *subvertir* viene del latín *sub*, que significa 'desde abajo', y *vertere*, que significa 'girar'. Subvertir el poder es venir desde abajo y darle la vuelta desde ahí. Piensa en remover la tierra o en darle la vuelta al significado en una discusión. La subversión tiene algo de malicioso y de empoderador. Requiere enfrentarse a algo que es más poderoso que uno mismo, encontrar sus puntos débiles y ponerlo patas arriba. La subversión es una forma de derrotar, dominar y recuperar.

¿Cuándo recurrimos a la subversión? Cuando algo nos ha sobrepasado, nos ha oprimido, nos ha encadenado. Cuando nos hemos visto impotentes, desamparados, sin recursos. Cuando necesitamos retomar las riendas.

La situación de Lily es un ejemplo perfecto. Su padre era uno de esos Fred Astaire encantadores y elegantes en la calle y una auténtica pesadilla en casa. Por fuera, todo parecía perfecto e inmaculado. Por dentro, la casa estaba en llamas y todos sus habitantes se estaban quemando vivos poco a poco. Lily había salido de una pieza; en realidad, era la única de su familia que había salido de una pieza. Todos sus hermanos recurrieron a las drogas o al alcohol para salir adelante. Varios de ellos ya estaban muertos.

Sin embargo, la supervivencia es un concepto delicado. Lily había sobrevivido en algunos aspectos y en otros no. Su vida era funcional; tenía una carrera, una familia y *algunas* relaciones sanas. Pero el miedo que se había instalado en sus huesos cuando era una niña criada por un padre temperamental y aterrador seguía ahí. Y era ese miedo el que tomaba las decisiones por ella. No solo eso, configuraba su sistema de creencias y era la lente a través de la cual veía el mundo. Se trata del tipo de miedo que te corroe en silencio e impide que te sientas seguro, que creas en algo bueno o simplemente que descanses. Desgarra tus relaciones y hace que quienes se te acercan se pregunten por qué no acabas de creer en ellos, por qué no pueden llegar a ti.

Cuando la hipervigilancia se convierte en una forma de vida, todo lo que ves es una amenaza potencial, nada más. Mantener cualquier tipo de relación con alguien que se guía por ese tipo de miedo es como intentar mantener una conversación profunda y vulnerable con un francotirador de guardia. Puedes quedarte ahí y desnudar tu alma todo lo que quieras, pero el noventa y nueve por ciento de su atención está en el punto de mira. Como debe ser.

Lily me preguntó una vez si la consideraba una persona fría.

—¿Doy esa impresión? ¿Fría, indiferente, incapaz de ser vulnerable?

—No —respondí.

La verdad no es tan sencilla. Quien se lo haya dicho acertó en parte y, a la vez, se equivocó. Lily no es fría. Todo lo contrario, es muy cálida. Se ríe con facilidad y, cuando lo hace, la risa se apodera de ella. Echa la cabeza hacia atrás y se ríe con todo el cuerpo. Es una risa contagiosa. Y ella es encantadora, adorable, llena de curiosidad. Y a la vez se muestra distante. Siempre va tan bien arreglada que parece invulnerable. Hay una parte de ella a la que cuesta llegar, probablemente porque vive detrás de un largo rifle de francotirador, siempre atenta a las amenazas.

—Así que estaba esperando en el armario, absolutamente decidida. Podía sentir cómo el reloj marcaba los segundos y los minutos en el exterior —su voz sigue ronca y empieza a pausarse—. Y entonces oí cómo el coche subía por el camino de entrada, las ruedas crujían y giraban sobre la grava. Y en menos de un segundo, *sin haberlo decidido*, bajé las escaleras y me puse a esperar a mi padre como se suponía que debía hacer. Sentí que me había traicionado completamente a mí misma. Todo ese esfuerzo, toda esa decisión, se esfumaron en un instante.

—Tengo que decirte, Lily, que sé que este no es el objetivo de la historia, pero me siento un poco aliviada de que no te quedaras allí, en el armario. Me preocupa lo que te habría pasado si lo hubieras hecho.

—Lo sé —dice ella—. ¿No te parece muy triste? Es tristísimo. Pero esto es lo que pasa. Como hablamos, ahora entiendo por qué. No me estaba traicionando; me estaba protegiendo. Esa respuesta automática de huir o desconectar me hizo salir de allí con vida. Pero a cambio de renunciar a *mi propia identidad*. ¿Y ahora qué? ¿Qué hago? ¿Cómo la recupero? Necesito recuperarla.

Hay muchas diferencias entre Lily y Ali, pero la más importante es esta: el oponente de Ali estaba vivo y allí mismo, en el *ring*, con él. El oponente de Lily lleva muerto años y años y años. ¿Cómo puede luchar contra un adversario que solo existe en su mente?

Esto es lo bueno de la subversión. Nunca es demasiado tarde. De hecho, a veces, cuanto más esperas, más eficaz es. No siempre podemos subvertir al adversario en el momento, como hizo Ali con Foreman. A veces el suceso ocurre demasiado deprisa y nos noquea demasiado rápido para que podamos volver a tomar las riendas. Pero es un error creer que solo porque no hayamos contraatacado en el momento estamos condenados para siempre. Que no puedas subvertir el poder en el momento no significa que no puedas hacerlo en absoluto.

CONCLUSIONES Y HERRAMIENTAS

Lily se enfrenta a una versión de sí misma que vive en su mente. Su padre le dijo —con sus palabras y sus actos— que ella no valía. Que no era aceptable. Que podía mostrarse, sí, pero no existir. Tenía que aprender a callar. Ser perfecta. Porque era un reflejo de él, que era alcohólico, y su papel en esta vida era ser la prueba para los demás de que era un ciudadano honrado, un buen padre. Si ella estaba bien, él también: el clásico numerito de codependencia.

La razón por la que no tiene —o no siente que tenga— identidad es que durante toda su vida ha tenido un conflicto con las etiquetas que le colocó su padre. O bien decidió encarnarlas con tanta devoción que nadie podría hacerle el mínimo reproche («¡Seré tan perfecta que nadie podrá decir nada!») o bien optó por rechazarlas («¡Me niego a callarme!»). En cualquier caso, no había dejado de reaccionar a ellas, seguía viviendo en una jaula. Independientemente de nuestra educación, la mayoría de las personas estamos en conflicto con una versión de nosotros mismos que vive en nuestra mente y que se ha fabricado a partir de los juicios o temores que los demás tienen respecto a nosotros. Esta versión está hecha de etiquetas que nos han puesto y que se nos han adherido a la piel, normalmente sin que ni siquiera fuéramos conscientes de ello. Sea cual sea esa versión, su poder consiste principalmente en que te convence de que *eso es todo lo que eres.*

Insuficiente. Inaceptable. Difícil de amar. Poco atlético. Tímido. Marimacho. Pésima en matemáticas.

Demasiado. Demasiado emocional. Demasiado sensible. Gorda. Mentirosa. Dañada para siempre.

Perdemos nuestro sentido de la identidad cuando nos tomamos en serio estas etiquetas, porque da igual que las aceptemos o las rechacemos, *seguimos reduciéndonos a ellas*. Su fuerza consiste en que nos engañan haciéndonos creer que nos definen. Que esa etiqueta es lo único que somos. Nuestras experiencias traumáticas no integradas hacen lo mismo. Nos engañan haciéndonos creer que las peores cosas que nos han ocurrido son las únicas que nos ocurrieron.

Si Lily se queda ahí, clasificando estas etiquetas, no siente que ninguna encaje del todo bien. Puede ser una mujer inaceptable o todo lo contrario, absolutamente perfecta; también puede ser una maltratada. Tiene un conflicto con todas estas etiquetas porque son a la vez correctas e incorrectas. Son lo que ella es y, al mismo tiempo, no son en absoluto lo que es. Está en crisis.

Me llama porque ha descubierto algo en este recuerdo de sentarse en su armario de niña y decidirse a enfrentarse a su padre. Aunque en realidad no lo hizo en ese momento, el hecho de que decidiera hacerlo revela una capacidad en su interior: subvertir el poder que actúa contra ella. Para allanar su propio camino. Para reclamar su propia identidad a quienes intentan reducirla a sus etiquetas. Para iluminar su pequeño circuito de esperanza.

Es fácil fijarse en la estrategia de *marear contra las cuerdas* que utilizó Ali y atribuirle a esta el mérito de haber ganado el combate. Sin embargo, lo que hizo posible el descubrimiento de esa estrategia fue que Ali se negó a verse a sí mismo reducido al papel de «perdedor». Si se hubiera centrado en lo que todos decían —que ya estaba viejo, que no era tan fuerte como Foreman—, habría perdido el combate. En lugar de eso, aceptó el hecho de que no tenía tanta fuerza como Foreman y pasó a centrarse en *algo* que sí tenía: era más hábil encajando golpes, más valiente a la hora de atacar y diez veces más inteligente. Verse a sí mismo como algo más allá de lo que los demás pensaban de él le permitió a Ali crear su propia identidad en medio de todo el ruido. Y ganó.

HERRAMIENTA PARA EL TRAUMA: CIEN COSAS MÁS

Rechazar sin más las etiquetas es problemático por tres razones. En primer lugar, el rechazo sigue implicando un vínculo con la etiqueta, que permanece y trata de reducirte a su definición de ti cuando intentas desafiarla. Si intentas rechazar la etiqueta de que no vales lo suficiente, por ejemplo, *cualquier cosa* que hagas se convierte en una prueba de que vales o no vales. La segunda razón es que a veces esas etiquetas están *tan* adheridas y llevan tanto tiempo ahí que es imposible quitarlas, ni siquiera con cuchillas de afeitar y quitaesmalte. Y la tercera razón es que a veces las etiquetas son ciertas. Foreman *era* más fuerte que Ali. Lily *sufrió* malos tratos.

El truco consiste en evitar la creencia de que la etiqueta es lo único cierto. Este es un ejercicio que te

ayudará cuando ciertas etiquetas traten de convencerte de
que ellas son todo lo que eres:

Paso 1. Escribe en un papel *todas* las etiquetas negativas
que te rondan por la cabeza. Ciertas o no, es-
candalosas o no: da absolutamente igual. Anota
las etiquetas en una lista. *Inútil. Fracaso. Estorbo.
Sin arreglo*. ¡Adelante, no te cortes!

Paso 2. Tómate un momento para observar qué emociones te provocan estas etiquetas. ¿Sientes
tensión? ¿Tristeza? ¿Agitación? ¿Te sientes insignificante? ¿Te duele el estómago o te sudan
las palmas de las manos? Anótalo también.

Paso 3. Ahora, en ese mismo trozo de papel, escribe
otras cien cosas que eres. Sí, *cien*. Estas cien cosas más pueden ser *cualquier cosa*, pero no negativas. Por ejemplo: *llevas gafas. Te encanta el
chocolate. Bebes litros de café. Comes espaguetis de
calabaza. Tienes tres pares de zapatillas Vans. No
puedes comer* fettuccine *Alfredo sin tener ardor de
estómago durante dos días enteros.* Si no logras terminar la lista de una vez, no pasa nada. Vuelve
y sigue añadiendo cosas hasta que tengas cien.
Gran amigo. Alto. Bastante gracioso. Bonitos ojos.

Paso 4. Tómate un momento y observa cómo te hace
sentir esta lista de cien cosas. ¿Más en paz?
¿Menos atrapado y definido por la mísera
lista de etiquetas del principio ahora que la

ves junto a otra de cien cosas más que también eres?

Bien. Quieres saber qué sucedió con Lily, ¿verdad?

Cuando terminamos nuestra llamada esa noche, Lily tiene una última revelación que compartir. «¡Oh, casi se me olvida lo más importante! —exclama mientras me dispongo a colgar y volver con mis amigos, que esperan al otro lado de la puerta del baño—. ¡Lo han descubierto! El cáncer está en mi hígado. ¿No me digas que no es raro? Mis padres y mis hermanos son todos alcohólicos, y luego *soy yo* la única que ha acabado con cáncer en el hígado. ¡Menuda locura!».

Ahora estoy frente al lavabo y tengo que agarrarme a los lados mientras Lily habla. La habitación da vueltas y lo veo todo rojo. Quiero destrozar todo lo que cae en mis manos porque su voz saltarina y danzante delata lo que me preocupaba que fuera cierto. Lily no lo entiende. Si el cáncer está en su hígado, está en todas partes. No importa dónde empezó. Está *en todas partes*.

Lily *se está* muriendo.

Le envío un correo al día siguiente con una cita de Emerson que me encanta:

Hay una frase en el ensayo «Experiencia» de Emerson que nunca entendí, pero anoche empezó a tener sentido. En el ensayo, está afligido por la muerte de su hijo pequeño. Dice: «Sé que no puedo pretender que mi imagen sea completa. Soy un fragmento, y esto es un fragmento de mí». Lo dice al final del ensayo, cuando está como «terminando» su proceso de duelo, y yo sabía que era significativo, pero no entendía por qué.

Creo que el último paso del duelo no debería llamarse «aceptación». Porque es un trago demasiado amargo. Debería llamarse más bien «reordenación» o «perspectiva». Hay un momento, justo cuando creemos que ya no podemos más, cuando estamos convencidos de que estamos destrozados, hechos polvo y acabados... Justo ahí, en medio de esa desesperación, aparece la perspectiva. «Soy un fragmento, y esto es un fragmento de mí». Soy un pedacito de este mundo. Este mundo que tiene un propósito dentro y fuera de mí. Solo soy un trozo de él. Y estas cosas que ocurren, aunque parezcan el fin del mundo, no me definen ni pueden definirme. Son fragmentos.

Por extraño que parezca, me reconforta. Es reconfortante pensar que la intensidad solo puede existir en momentos. Aunque algo parezca para siempre, nunca puede serlo. Cada cosa tiene su lugar, su tiempo y su final. Los acontecimientos que cambian la vida son emocionantes, horrorosos, increíbles y devastadores, pero son temporales, finitos. La vida no lo es. La vida es inmensa.

¿Qué tiene esto que ver contigo?

Pues que todas las cosas que te han ocurrido, por muy terribles que sean, están encerradas en un lugar muy lejano. No pueden amenazarte ni destruirte. Es posible que aparezcan y te pidan que las vuelvas a mirar para sacar algo bueno de ellas, pero no definen quien eres. Ni te hundirán, aunque no tengas fuerzas para hacerles frente. Tu educación, ese momento que pasaste escondida en el armario y tu relación con tu padre son fragmentos de ti. Y si hay cuestiones que tienes que asimilar, surgirán de forma natural y te enfrentarás a ellas como necesites hacerlo. Sin embargo, sigues teniendo el control; puedes criticar esos fragmentos, hacer que se callen y alejarte. Eres infinitamente más que lo que te ha sucedido, que lo que has perdido. Esa es la verdad, no importa lo que sientas ahora.

Y si estás harta de ahondar en tu vieja historia, quizá haya llegado el momento de encontrar la forma de dejarla. Eso es lo que hay, y forma parte del pasado. No es necesario rascarse la costra, si la piel de debajo ya está cicatrizando. Se caerá sola. No siempre tenemos que volver atrás y hurgar en esas cosas. Y si hay que volver atrás y averiguar cómo o por qué se produjo la herida, hazlo despacio o acabarás sangrando por todo el suelo. Si hay algo del pasado que crees que debes ver, sácalo poco a poco, míralo a ratos y dedica el resto del tiempo a distraerte. Puede que no lo parezca, pero tienes las riendas. Estás realizando un gran trabajo. La paz llegará, te lo prometo. Y jamás prometo cosas de las que no estoy cien por cien segura.

Tal vez esto no te ayude mucho, pero es lo que he estado pensando, así que ahí lo tienes. Trátate bien. Te sientas como te sientas. Si estás cansada, duerme. Si tienes hambre, come. Si tienes ganas de gritar, grita.

Estarás mejor a finales de año. Sé que lo estarás.

¿Te has dado cuenta de que no le *prometí* que estaría mejor a finales de año? Nunca prometo algo si no sé con certeza que se va a cumplir.

Una última cosa sobre Lily. Aunque su historia y las conversaciones de aquí son completamente ciertas, y el correo electrónico es textual, no he sido sincera contigo sobre quién es. No se llama Lily, sino Suzanne. Y era mi madre. Murió unos meses después de que mantuviéramos esta serie de conversaciones y apenas dos años después de la muerte de mi padre.

Quería hablarte de ella porque deseaba que supieras que la sanación no acaba nunca, y lo digo en un sentido esperanzador, no condenatorio. Quería mostrarte que *nunca es demasiado tarde para sanar.* Quería que supieras que no llegas a un punto determinado para desde ahí ascender a una forma de vida mejor. Que incluso mientras morimos estamos sanando. ¿Hay algo que capte las dolorosas vicisitudes de la vida de una manera tan perfecta como eso?

Quería que supieses que, si sigues esforzándote, si el trabajo se extiende interminablemente ante ti y parece que nunca acabará, no estás fracasando. Lo estás haciendo bien.

CAPÍTULO 8

Encuentra el camino de vuelta a casa

Una nueva comprensión del trauma

¡Siempre el amor! Que mueve la tierra y sostiene los cielos.
Friedrich Hölderlin

¿Qué es el trauma? Parece que esa pregunta debería ser fácil de responder, pero como descubrí cuando me adentré en el tema por primera vez en la universidad, es todo menos eso. Las mejores definiciones que pude encontrar, las que parecían entender realmente la naturaleza del trauma, eran las que estaban dispuestas a cruzar el abismo entre la metáfora y los grupos de síntomas clínicos. Mi definición favorita procede de William James, que lo describe como una lesión psicológica duradera provocada por acontecimientos especialmente desorientadores. Decía que estos «traumas psíquicos» se podían considerar como «espinas en el espíritu, por así decirlo».[1] La experiencia traumática no es simplemente una herida que deja un moratón. Es un suceso que atraviesa el espíritu. Como la espina de una rosa, algo esencial se desprende de la experiencia y se aloja, dolorosamente, en la psique, el alma.

Al igual que sucede con una espina en la piel, hay que arrancar y extraer esta espina psíquica. Y hay que curar la herida. Si no se extrae y se cura, el trauma seguirá presente. Podría incluso llegar a enquistarse, supurar, infectarse y amenazar con extenderse a lo largo de todo tu ser, por minúscula que fuera en el momento en que perforó tu espíritu.

El cuerpo responde a una espina o a una astilla desencadenando una reacción inflamatoria. Puede que al principio no notemos la astilla, pero notaremos la inflamación, las punzadas, la piel caliente al tacto, la infección supurante. El hecho de que estos síntomas no sean agradables no significa que sean injustificados o un signo de fragilidad. Todo lo contrario. El cuerpo inicia esta reacción para sobrevivir. Lo hace porque es fuerte. De manera similar, el cuerpo inicia una respuesta sofisticada a las espinas del espíritu. Lo hace para sobrevivir y porque es fuerte. Si no nos sentimos avergonzados y débiles cuando el cuerpo responde para protegernos de las espinas físicas, ¿por qué habríamos de sentirnos así cuando reacciona ante las espinas del espíritu?

La sociedad nos engaña al afirmar que la respuesta a las experiencias traumáticas debe ser rápida, limpia y sin esfuerzo, y si no lo es, deberíamos avergonzarnos. Esta mentira es perjudicial en muchos sentidos, pero sobre todo porque muchas veces nos impide pedir ayuda. Además, esta idea errónea colectiva acerca de la respuesta al trauma, junto con una definición clínica anticuada de este, hace que cuando buscamos ayuda, las personas a las que acudimos no estén preparadas para ayudarnos o apoyarnos. Al contrario, su «ayuda» es inútil en el mejor de los casos y perjudicial en el peor, ya que refuerza la mentira de que nuestra respuesta al trauma es un signo de que somos débiles y fracasados y deberíamos avergonzarnos de ello.

La verdad es que cuando iniciamos el proceso de curación, nos comprometemos a recorrer un camino que dura la vida entera. A lo largo de este camino habrá momentos de pánico, momentos de integración, momentos en los que los viejos recuerdos surgirán inesperada y repentinamente. La curación implica tratar la memoria, el sistema nervioso y la forma en que nos relacionamos. Una de las maneras más accesibles y hermosas de sanar son las relaciones terapéuticas con personas que pueden ayudarnos a soportar lo que es o se ha vuelto insoportable.

EMPEZAR DE NUEVO: REDEFINIR EL TRAUMA

Esta necesidad humana básica de tender la mano a los demás y recibir ayuda de otros se refleja en una nueva definición de trauma propuesta por Robert Stolorow, brillante filósofo y psicólogo. Define el trauma como cualquier experiencia (aguda o crónica) que cumpla estos dos criterios: las emociones que provoca son (o llegan a ser) insoportables y carece de un hogar relacional.[2]

Es una definición poderosa porque, si quieres saber si estás sufriendo un trauma, solo tienes que responder a una pregunta: ¿esa experiencia fue (o se ha vuelto) insoportable? Si quieres saber cómo ayudar a quien sufre un trauma, esta pregunta te indica claramente qué hacer: ofrecerle un hogar relacional. Desmenucemos lo que significan cada uno de estos dos criterios.

El primero de ellos, que el trauma sea insoportablemente emocional, resuelve el problema de qué se considera traumático sin que la palabra *trauma* pierda su significado. Insoportable es un concepto que pone el listón bastante alto; tanto que probablemente una tienda que no tenga cafés con especias de calabaza o un profesor que entregue un examen de química difícil no serían capaces de alcanzarlo. También es un listón que permite a la persona que sufre esa experiencia determinar lo que *a ella* le resulta insoportable.

Que hayamos sobrevivido a algo no quiere decir que fuera soportable. Cuando algo es soportable, significa que hemos hecho dos cosas: hemos superado las emociones iniciales *y* lo hemos integrado en la historia más amplia de nuestra vida. Hemos sentido las emociones y hemos integrado el recuerdo. Por otro lado, cuando algo es insoportable, eso no significa que no hayamos sobrevivido, sino que no pudimos ver a través de las emociones iniciales o no logramos integrarlo en la historia más amplia de nuestra vida, o ambas cosas. Dado que este proceso no siempre se produce de forma inmediata, es posible que ni siquiera sepamos que algo es insoportable hasta años después, cuando se manifiesta como un comportamiento o un patrón que sigue apareciendo en nuestras relaciones e interfiriendo en nuestras vidas.

El segundo criterio, el de que el trauma carece de un hogar relacional, nos ayuda a comprender tanto lo que pueden tener de devastadoras las experiencias abrumadoras como lo que podemos hacer cuando nosotros o alguien cercano a nosotros esté sufriendo. Para entender qué es un hogar relacional, consideremos primero el significado de la palabra *hogar*. La raíz indoeuropea de la palabra es *tkei*, que significa 'asentarse', 'morar'. Para que nuestras experiencias vitales se conviertan en recuerdos coherentes a los que podamos referirnos y que podamos reconocer como cosas del pasado, en lugar de algo que está sucediendo ahora mismo, necesitan asentarse. Necesitan un lugar donde morar.

Cuando nuestras experiencias son cotidianas o fáciles de entender y clasificar, pueden encontrar un lugar en nuestra memoria con relativa facilidad. Nuestro cerebro archiva los recuerdos de forma organizada. Cuando son insoportables, necesitamos ayuda. La necesitamos cuando nuestro cerebro lidia con los recuerdos desorganizados y fragmentados que había guardado tan apresuradamente durante el agobio original. Y asimismo necesitamos ayuda cuando examinamos las etiquetas de significado perturbador que se adhirieron a esos archivos de memoria. Así que recurrimos a alguien que haya pasado por experiencias similares para que nos ayude a entender qué significan para nosotros, qué lugar pueden tener en nuestras vidas y recuerdos. Si alguna vez has preguntado a un amigo qué explicación le daba a su divorcio mientras tú pasabas por el tuyo, le estabas pidiendo un hogar relacional. Si alguna vez has entendido el desánimo de alguien y le has dicho: «Sé cómo te sientes, yo también he pasado por eso», le has proporcionado un hogar relacional. Cuando no podemos hacerlo –porque no nos atrevemos a hablar de lo que pasó ni recordarlo del todo o porque la gente a la que acudimos nos rechaza–, lo que antes era insoportable se convierte en algo permanentemente insoportable.

De hecho, encontrar una morada para nuestras experiencias es fundamental para el funcionamiento de nuestro sistema nervioso. Como vimos en los capítulos dos a siete, cuando algo insoportable se convierte en duradero, permanecemos crónicamente estresados, abrumados y desregulados.

Llegados a este punto, puede que te estés preguntando por los aspectos concretos del hogar relacional: «¿Qué hay que hacer para encontrarlo? ¿Lo necesito de inmediato o será igual de efectivo encontrarlo dentro de unos años? ¿Solo necesito uno? Si lo encuentro, ¿puedo dejar de ir a terapia?».

Algunas veces se encuentra un hogar relacional buscando un terapeuta. Y otras veces se descubre por casualidad. Es estupendo si lo encuentras enseguida, pero en ocasiones es aún más poderoso si lo hallas más tarde. Casi nunca se trata de un asunto que se resuelva de una vez. Las secuelas de una experiencia traumática son un poco como la metralla: encuentras esquirlas años después en lugares inesperados. Un hogar relacional cura una esquirla y otro cura una esquirla diferente.

La cuestión es que no hay reglas rígidas. Tal vez te parezca frustrante, pero creo que tiene su magia. La maestra de primaria que te recuerda cada día que perteneces a un grupo puede compensar el hecho de que en casa te sientas invisible. Después de sentirte como si estuvieras en una jaula en tu última relación, la pareja que te deja elegir qué música escuchar en la cena te hace sentir libre. Cuando te sientes defraudado o abandonado por todas las personas de tu vida, el conductor de autobús que siempre aparece a la hora exacta esperada, y con una sonrisa de oreja a oreja, te recuerda que hay gente fiable. Algo que nos hace tremendamente vulnerables es el hecho de que las relaciones nos lastiman *tanto* como nos curan. Del mismo modo que las palabras irreflexivas de alguien pueden ocasionar años de vergüenza, el gesto amable de un desconocido podría hacer que se desvaneciera la sensación de insignificancia que has tenido durante años. La verdad es que *todos* tenemos las llaves del hogar relacional de los demás.

Que necesitemos una relación terapéutica para encontrar nuestro hogar relacional no significa que la única persona cualificada para hablar del trauma sea un terapeuta clínico. Como recordarás del capítulo uno, a la psicología clínica aún le queda mucho camino por recorrer para reparar su deficiente comprensión del trauma. Todas las mentiras, medias verdades y desinformación que impregnan la sociedad siguen acechando también en las consultas de muchos terapeutas profesionales. Hace unos años, mi matrimonio empezó a astillarse y hacerse añicos. Me quedé atónita ante la intensidad de esta pérdida. Hacía poco que me había mudado, así que necesitaba encontrar un nuevo terapeuta que me ayudara con esta pérdida. En nuestra tercera o cuarta cita, me senté en el sofá y empecé a ahondar un poco más en la incredulidad que sentía ante lo que estaba ocurriendo. Mi terapeuta, un hombre mayor con aspecto de vaquero, me detuvo a media frase y luego hizo una pausa dramática, echándose hacia atrás en su silla para causar efecto.

—Siempre te pasa lo mismo, ¿verdad?

Parpadeé, absolutamente estupefacta. Luego agarré mi bolso y me levanté.

—Bien. Hasta aquí hemos llegado, señor.

Empezó a hablar de nuevo, sobre cómo me estaba cerrando y que eso no iba a ayudar a mi proceso. Levanté la mano y seguí caminando. Ni siquiera había recorrido todo el pasillo cuando empecé a buscar otro hogar relacional. Para cuando entré en el ascensor, ya había enviado un mensaje de texto a un amigo sobre lo que me había dicho el «terapeuta». Esa vez sí encontré un hogar. Cuando entré en el coche, me estaba partiendo de risa, en parte para liberarme de lo absurdo de lo que acababa de ocurrir y en parte por el gran alivio que sentí por los terapeutas que había encontrado *antes* de ese hombre. Aún me estremezco al pensar qué habría pasado si hubiera sido mi terapeuta cuando yo tenía diecisiete años e intentaba superar una agresión sexual. O seis meses después de la espantosa y repentina muerte de mi padre, cuando los ataques de pánico me atenazaban con una fuerza tan implacable que llegué a plantearme si la única forma de detenerlos era acabar con mi propia vida. Si lo hubiera conocido entonces y me hubiera dicho que lo que estaba diciendo no tenía sentido, lo habría creído a pies juntillas.

Por cierto, no era un terapeuta del montón. Era licenciado en Psicoterapia y Psiquiatría y doctorado en Harvard, y había hecho la residencia en uno de los hospitales psiquiátricos más aclamados de Estados Unidos. Lo había elegido cuidadosamente tras días de investigación. Te cuento esto porque quiero que sepas que poseer varios títulos y muchos años de experiencia no garantiza que alguien esté preparado para ofrecerte el hogar relacional que necesitas. A veces es el amigo al que envías un mensaje de texto desde el ascensor. La cuestión más importante es esta: es peligroso suponer que la única persona que puede proporcionarle una morada a tu experiencia insoportable es un clínico titulado. Primero, a veces esa certificación *no garantiza* un lugar seguro. Segundo, cuando creemos que el único lugar donde puede producirse la sanación del trauma es en la consulta de un terapeuta, pasamos por alto lo poderosos y sanadores que *somos unos para otros, en todo momento*. Cualquier relación que te ofrezca un hogar relacional, un espacio en el que puedas recibir ayuda para soportar lo que es insoportable, es una relación terapéutica. Una relación terapéutica es simplemente una alianza. Sus miembros (terapeuta y paciente, *coach* y cliente, jefe y empleado, amigo y amigo) se alían en aras de un objetivo común. Intervenir terapéuticamente es atender, del mismo modo que atenderíamos una herida o un jardín. La palabra *atender* procede del latín *atendere*, que significa literalmente 'tenderse hacia'. ¡Qué idea tan hermosa! Que podamos tendernos la mano unos a otros en nuestro aislamiento y dolor. Que podamos unirnos para vencer un obstáculo o sencillamente para crecer. Que podamos imaginar nuestras vidas como jardines y aprender a cuidarlos. Que juntos escarbemos con los dedos en la tierra fría, arranquemos las malas hierbas que amenazan con invadir el espacio y elijamos y plantemos cuidadosamente nuevas semillas.

He trabajado mucho con dos colectivos con los que no tengo casi nada en común: veteranos de combate y componentes de bandas que estuvieron encarcelados. Trabajé con miembros de ambos grupos en calidad de *coach* de vida especializada en trauma, para ayudarlos a reintegrarse en la sociedad. A veces hablábamos del futuro, pero sobre todo del presente, el de ahora, el de esa misma mañana. Me contaban cómo el presente puede quedar total y repentinamente eclipsado por el pasado. Hice lo que pude: validar, desmitificar y proporcionarles herramientas. Hicimos planes, resolvimos problemas y volvimos a hablar de pequeñas victorias y grandes tropiezos.

Lo que no esperaba oír tan a menudo era lo siguiente: «Lo has entendido, MC. Lo. Has. Entendido».

Oír estas palabras siempre me dejaba de piedra. A primera vista, *no lo entiendo* en absoluto. No tengo ninguna experiencia vital que me ayude a comprender lo que es nacer en una familia de pandilleros y ser reclutado por una banda a los siete años. Ninguna vivencia que me ayude a entender lo que es que te despidan sumariamente del servicio militar de carrera porque sufres una ansiedad paralizante tras cuatro misiones en Irak. Creo que lo que realmente decían era lo siguiente: «Tú sintonizas conmigo. Somos aliados. Te quedas aquí conmigo delante de este jardín cubierto de maleza. Cuando me siento desbordado, me ayudas a encontrar las malas hierbas. Me tiendes tu mano para ayudarme a arrancarlas. Cuidamos juntos el jardín y crecemos».

Lo que comprendí fue que no tengo que haberlo vivido para «entenderlo». *No* es la experiencia compartida lo que sienta las bases de un hogar relacional, sino la sintonía. Y eso significa que cualquiera puede aprender a sintonizar mejor con alguien. Y a descubrir qué partes son las más difíciles de asimilar de una experiencia. Podemos aprender a señalar esas partes y ofrecernos, si somos capaces, a sujetarlas un rato, como a un bebé al que le duele la tripita, para que la otra persona pueda descansar.

**

Mientras escribía este libro, recibí un correo electrónico de un investigador considerado. Se había topado con una cita mía en un artículo de *National Geographic* y estaba preocupado por mi trabajo. Quería hacerme saber que estudios recientes han demostrado que la lesión cerebral traumática (LCT) es la verdadera fuente de cualquier síntoma traumático y que se me estaba acabando el tiempo para hablar de cómo el trauma afecta a nuestras vidas al margen de las explicaciones fisiológicas. Se equivocaba en la primera parte: no todos los traumas psicológicos tienen su origen en una LCT. No obstante, me preocupa que tenga razón sobre la segunda parte: que se está acabando el tiempo para abogar por una nueva comprensión del trauma.

En el capítulo uno hablamos de las fases de la historia del estudio del trauma. Ahora que estamos en una nueva fase, tengo tanto una pesadilla como un sueño.

Mi pesadilla es la siguiente: seguimos sin entender el trauma. Insistimos en todo lo que interpretamos mal, que el trauma es un signo de debilidad, que es tan frecuente que es trivial, que los desencadenantes son un signo de que estamos programados para autodestruirnos.

Continuamos trazando líneas divisorias que relegan cualquier debate sobre el trauma a un terreno oscuro y clandestino. En lugar de corregir nuestro rumbo, volvemos a convertir el trauma en anatema y recreamos el ciclo caótico de estudiar intensamente el trauma para luego dejar el tema arrumbado. Devolvemos a la oscuridad a quienes sufren y barremos todo lo que hemos aprendido bajo cualquier alfombra que encontremos, de modo que la próxima vez, cuando nos veamos obligados a reconocer que el trauma no desaparece y que tenemos que afrontarlo, ni siquiera podamos echar mano de lo que ya hemos aprendido. Mi investigación, mi docencia, mi trabajo con clientes y este libro son mis formas de mantener a raya esa pesadilla.

Mi sueño es que aprovechemos esta fase actual de mayor sensibilización sobre el tema y la utilicemos para construir una base sólida de comprensión y afrontamiento del trauma. Que replanteemos por completo el debate sobre el trauma. Que empecemos a entenderlo correctamente como una experiencia emocional insoportable que carece de un hogar relacional. Que esta comprensión se convierta en algo tan común que todos, desde los niños hasta los mayores, la conozcamos. Que aprendamos a considerar el trauma desde diversas disciplinas y no desde una sola. Que separemos la ciencia de lo que la historia ha sustraído. Que nos centremos y comprendamos que la respuesta al trauma es una adaptación neurobiológica arraigada en la fortaleza, que la respuesta al trauma es simplemente la forma en que nuestra biología responde a lo que nos abruma. Que tenemos control sobre esta respuesta y podemos revertir gran parte del daño que puede causar cuando no se desactiva. Que dejemos de avergonzarnos por los mecanismos de afrontamiento a los que recurrimos en modo supervivencia. Que nos tomemos en serio el papel de ofrecerle un hogar relacional a quien tengamos capacidad para proporcionárselo.

Pequeñas alegrías

Alegría era su canto y era alegría tan pura
que un corazón de estrella podía guiarse por ella
y pura tan ahora y ahora tan sí
que las muñecas del crepúsculo se regocijaban.

E. E. Cummings

Quisiera que te llevaras seis enseñanzas de este libro. Ya te he hablado de cinco de ellas.

La primera es saber que, sea lo que sea lo que nos aflige, nunca estamos solos.

La segunda es entender que nuestras respuestas a las experiencias traumáticas se originan de forma automática con el fin de protegernos y son un indicio de nuestra fuerza interior, no un signo de debilidad o trastorno.

La tercera es darnos la oportunidad de perdonarnos por todo aquello a lo que llegamos por desesperación y agobio. Si no dejamos a un lado la vergüenza, jamás sanaremos.

La cuarta es la consciencia de que somos capaces de reconfigurar nuestro sistema nervioso e invitarlo a tener experiencias de seguridad y conexión, aunque nos hayamos pasado toda la vida sintiéndonos inseguros y desconectados.

La quinta es entender mejor cómo podemos sanar —y sanarnos mutuamente— aprendiendo a reconocer y ofrecer un hogar relacional a lo que es insoportable.

La sexta tiene que ver con la alegría: con las pequeñas alegrías.

Creo que en ocasiones malinterpretamos la escala de las cosas. Suponemos que los grandes problemas requieren grandes soluciones; que cuando la tristeza se cierne sobre nosotros, nuestra felicidad debe crecer en la misma medida para contrarrestarla. Estas suposiciones son erróneas.

La alegría es un ancla: pesada, sólida, fiable. Se hunde en el fondo del mar y amarra nuestra nave para que no se suelte y solo podamos alejarnos hasta cierto punto. Desde el barco, lo único que podemos ver es el cable del ancla, que parece pequeño e insignificante en comparación con el ancho mar. Pero su escala no importa. No necesita ser tan ancho como el mar para anclarnos.

Cuando por fin volví a mi apartamento de Nueva York después de que muriera mi padre, solía tumbarme bocarriba en el suelo, dejando que las olas de dolor se abatieran sobre mí. Estaba segura de que me iba a asfixiar, de que mi corazón se haría añicos, de que el mundo se detendría. No había nada más que esas olas, esa pena, ese dolor. Pero poco a poco —siempre— el mundo empezaba a filtrarse de nuevo, y me fijaba en alguna cosa diminuta y encantadora que había a mi alrededor. La forma en que la luz se derramaba por el suelo creando arcoíris diagonales. El tacto de la suave alfombra de colores pastel bajo mis dedos. La brisa que envolvía las cortinas de las enormes ventanas. El azul de un jarrón desde el otro lado de la habitación. La risa que llegaba de la calle. Una pequeña punzada de hambre en mi estómago. El recuerdo de algo que *casi* me hizo reír.

Nada de esto me devolvió a mi padre ni me despertó de mi terrible sueño. Tampoco consiguió erradicar mi ansiedad ni apresurar el proceso de duelo. Nada me solucionó nada. Pero sirvió para anclarme. Para tirar de mí, para evitar que me alejara demasiado. Me recordó que, aunque el trauma pueda parecer un mar de dolor incesante, la alegría —absurda, audaz, indignante— sigue existiendo a su lado. Lo único que tenemos que hacer es dejarla entrar.

No te he hablado mucho de mi padre, solo de su pérdida. Tiene sentido, porque este es un libro sobre el trauma y su repentina muerte cambió toda la trayectoria de mi existencia. Sin embargo, para empezar, tenerlo como padre es lo que puso en marcha esa existencia.

La primera pérdida que sufrí fue la de mi conejita de peluche, acertadamente llamada, bueno, Bunny.* Mi

---

* N. del T.: Conejito/a en inglés.

familia había ido a visitar a mi hermano mayor a la universidad y nos alojamos en un hotel. Dejé a Bunny debajo de mi almohada y allí la olvidé. Para entonces llevaba tanto tiempo con Bunny y la quería de tal manera que la única persona en el mundo que podía reconocerla como conejita era yo. Sus ojos y sus orejas habían desaparecido por completo. La caja de música que tenía dentro de su pequeño torso había dejado de sonar hacía mucho, mucho tiempo. La mayor parte de su relleno de algodón se había salido, dejándola desinflada. Antes era blanca, pero su pelaje se había desprendido hasta el fondo y lo que quedaba era de un color amarillo sucio. Así que no podemos culpar al personal del hotel por no reconocer que Bunny era una conejita y mucho menos una querida amiga y confidente. Yo me la dejé y ellos la tiraron.

Tenía ocho años y estaba *desolada*.

El momento más difícil del día era la hora de acostarse. Conciliar el sueño sin la tranquilidad que me daba la conejita con la que había vivido mis ocho años era una ardua tarea. Me ponía el pijama, me metía en la cama y escuchaba un cuento. A los veinte minutos, salía de la cama y bajaba las escaleras con la cara empapada en lágrimas. Me dolía el estómago. No podía dormir.

¿Cómo podía haberse ido? ¿Volvería a amar algo así alguna vez? ¿Se supone que hay que sustituir a una conejita desaparecida por una nueva? ¿O eso era una falta de respeto? (Yo era una niña muy seria).

Mi padre, que tenía seis hijos y una consulta dental a tiempo completo, que probablemente acababa de leerme el cuento para dormirme y que estaba disfrutando de lo que quizá fuera su primer momento libre para sí mismo desde que se levantó a las seis de la mañana, dejaba lo que estuviera haciendo y se sentaba conmigo. Vertía un poco de *ginger-ale* en dos vasos de cristal y nos sentábamos juntos en la mesa de la cocina como si fuera un bar lleno de humo del Bronx. Nos sentábamos a hablar de todo: de la enormidad de la pérdida, de lo que significaba para mi pequeño mundo y de la gravedad de las preguntas que planteaba. Debatíamos las opciones. Si me compraba otra conejita, ¿qué tipo de conejita sería? ¿Una réplica de la anterior? ¿O una conejita totalmente diferente? A veces nos sentábamos en silencio, bebiendo *ginger-ale* a sorbos.

Nunca me juzgaba, nunca me decía que dejara de llorar ni que ya debería haberlo superado. Jamás me dijo que era una tontería estar tan triste o que debería avergonzarme de ese corazoncito tan tierno que tenía. Sencillamente se quedaba allí conmigo.

Recuerdo perfectamente como un día comprendí que si tomaba una decisión sobre qué tipo de conejita debería tener después (si es que debía tener alguna), eso significaría seguir adelante. Y seguir adelante significaría dejar de charlar con mi padre hasta altas horas de la noche en un bar.

A veces la gente me pregunta cómo paso tanto tiempo en la oscuridad, pensando, investigando y hablando de traumas todo el día, todos los días. Suelo responder lo primero que se me pasa por la cabeza, pero en realidad, creo que es porque la oscuridad no me asusta. Nunca lo ha hecho. Porque la primera vez que me sumergí en ella, mi padre me enseñó que no hay que pelearse con ella. No hay que apartarla. Tampoco tienes que dejar que te trague.

Simplemente te sientas con ella.

Preferiblemente junto a alguien en quien confíes, alguien que comparta el respeto que sientes ante la magnitud de la situación, alguien que te sirva un vaso lleno de *ginger-ale* y nunca te diga que es hora de superarlo, alguien que te recuerde amablemente que el horror no es todo lo que hay en la vida. Alguien que mantenga la puerta abierta para que te des cuenta de las pequeñas alegrías, como el cosquilleo de las burbujas de *ginger-ale* al estallar contra el paladar. Alguien cuya mera presencia sea una pequeña alegría.

Agradecimientos

Este libro no habría sido posible sin mi agente, Laura Yorke, la cual creo que me aceptó como cliente principalmente porque, cuando le escribí por primera vez, me identifiqué como «una académica descarriada». Gracias, Laura, por ser tan infinitamente tranquilizadora durante este proceso. Gracias a Jennifer Brown, de Sounds True, que se presentó con un sombrero de paja a nuestra reunión de presentación, lo que me tranquilizó al instante, y que vio lo prometedor de este proyecto antes de que hubiera mucho que ver. Gracias a Amy Rost por editar este libro como lo haría un hada madrina: de puntillas con una varita mágica y haciendo cantar mis palabras. Gracias al equipo editorial de Sounds True por captar todos los detalles que yo nunca habría detectado y por asegurarse de que el libro toca todas las notas correctas y ninguna de las incorrectas.

Gracias a Colin David Whyte, que respondió a unos quinientos mensajes que empezaban con: «Oye, ¿cuál es esa palabra que significa...?», que me recordó constantemente que una metáfora es más eficaz si tiene sentido y que tomó notas meticulosas sobre el primer borrador de este manuscrito, escribiendo comentarios como: «Quiero decir... que aquí pareces un poco tontita diciendo esto, no sé si es intencionado». Pasito a pasito.

Gracias a John Kim, que ha influido tanto en mi vida con tan poco esfuerzo que resulta un poco ridículo. He perdido completamente la noción de quién podría ser sin ti, John. Gracias a mis clientes, cuya valentía me hace poner los pies en la tierra cada día. Gracias a mis alumnos, que periódicamente me devuelven la fe en el futuro de la humanidad. Gracias a Chris Rhoden por entenderlo siempre y por ser la persona a la que puedo enviar un mensaje de texto que diga simplemente: «¡Pato escurridizo, muy bien!» y es capaz de comprenderlo.

Gracias a las llamas del trauma, que me hicieron compañía y me hicieron reír durante los años de la pandemia y más adelante (espero). Gracias a Lisa, Jake, Luke, Matt y Dan por estar tan entusiasmados con esto como lo habría estado papá.

Y gracias a Mark Griffin por ayudarme a recuperar mi pequeña alma reluciente entre todos los escombros, por la conversación en aquel bar raro de Boulder que plantó la semilla que se convertiría en este libro, por el plato de almejas y, bueno, por todo lo demás. Hay cosas que no se pueden plasmar en una lista.

Notas

Introducción
Cita inicial: Jalal al-Din Rumi, «There's Nothing Ahead», *The Essential Rumi*, traducción de Coleman Barks (Nueva York: HarperCollins, 1995), 205.

Capítulo 1
Cita inicial: Leslie Jamison, *The Empathy Exams: Essays* (Minneapolis: Graywolf Press, 2014), 5.

1. Abram Kardiner y Herbert Spiegel, *War Stress and Neurotic Illness* (Nueva York: Paul B. Hoeber, 1947), 1.
2. Judith Herman, *Trauma and Recovery: The Aftermath of Violence —from Domestic Abuse to Political Terror* (Nueva York: Basic Books, 1999), 7.
3. David J. Morris, *The Evil Hours: A Biography of Post-Traumatic Stress Disorder* (Nueva York: First Mariner Books, 2016), 13-14.
4. Herman, *Trauma and Recovery*, 7.

Capítulo 2
Cita inicial: Tim O'Brien, *The Things They Carried* (Nueva York: Mariner Books, 2009), 36.

1. American Psychiatric Association, *Diagnostic and Statistical Manual of Mental Disorders*, 3.ª edición (Washington, D. C.: American Psychiatric Association Press, 1980), 236-238.

Capítulo 3

Cita inicial: Maurice Merleau-Ponty, «Eye and Mind», *The Primacy of Perception: And Other Essays on Phenomenological Psychology, the Philosophy of Art, History, and Politics*, ed. James Edie, traducción de Carleton Dallery (Evanston, IL: Northwestern University Press, 1964), 162.

1. Sigmund Freud y Josef Breuer, *Studies on Hysteria*, traducción al inglés de James Strachey *et al.* (Nueva York: Basic Books, 2000), 35.
2. Abram Kardiner, *Traumatic Neuroses of War* (Mansfield, CT: Martino Publishing, 2012), 227.
3. Kardiner, *Traumatic Neuroses of War*, 223. Cursiva añadida para enfatizar.
4. David J. Morris, *The Evil Hours: A Biography of Post-Traumatic Stress Disorder* (Nueva York: First Mariner Books, 2016), 41.

Capítulo 4

Cita inicial: Emily Dickinson, «Pain —has an Element of Blank—», *The Complete Poems of Emily Dickinson*, ed. Thomas H. Johnson (Boston: Back Bay Books, 1976), 323.

1. American Psychiatric Association, *Diagnostic and Statistical Manual of Mental Disorders*, 3.ª edición revisada (Washington, D. C.: American Psychiatric Association Press, 1987), 238.
2. Oisin Butler *et al.*, «Trauma, Treatment and Tetris: Video Gaming Increases Hippocampal Volume in Male Patients with Combat-Related Posttraumatic Stress Disorder», *Journal of Psychiatry and Neuroscience* 45, n.º 4 (julio de 2020): 279-287; Antonia Brühl *et al.*, «Preventive Efforts in the Aftermath of Analogue Trauma: The Effects of Tetris and Exercise on Intrusive Images», *Journal of Behavior Therapy and Experimental Psychiatry* 64, n.º 4 (septiembre de 2019): 31-35; Muriel A. Hagenaars *et al.*, «Tetris and Word Games Lead to Fewer Intrusive Memories When Applied Several Days Af-

ter Analogue Trauma», *European Journal of Psychotraumatology* 8, n.º 1 (2017): doi.org/10.1080/20008198.2017.138695 9; L. Iyadurai *et al.*, «Preventing Intrusive Memories After Trauma Via a Brief Intervention Involving Tetris Computer Game Play in the Emergency Department: A Proof-of-Concept Randomized Controlled Trial», *Molecular Psychiatry* 23, n.º 3 (marzo de 2018): 674-682.

Capítulo 5

Cita inicial: Dietrich Bonhoeffer, *Letters and Papers from Prison,* 3.ª edición en inglés, ed. Eberhard Bethge, traducción de Reginald Fuller *et al.*, material complementario de John Bowden (Nueva York: Touchstone, 1997), 176.

1. Ralph Waldo Emerson, *Essays and Lectures* (Nueva York: Viking Press, 1983), 471.
2. Ralph Waldo Emerson, *Journals of Ralph Waldo Emerson: With Annotations* (Nueva York: Reprint Services Corporation, 1911), 150.
3. Emerson, *Journals of Ralph Waldo Emerson*, 157.
4. *Ibid*, 151.
5. Emerson, *Essays and Lectures*, 473.
6. Leslie Jamison, *The Empathy Exams: Essays* (Minneapolis: Graywolf Press, 2014), 5.
7. Jacques Derrida, *The Work of Mourning*, traducción de Pascale-Anne Brault y Michael Naas (Chicago: University of Chicago Press, 2001), 107.

Capítulo 6

Cita inicial: *Northern Exposure*, 3.ª temporada, episodio 5, «Jules et Noel», dirigida por James Hayman, escrita por Joshua Brand, John Flasey y Stuart Stevens, emitida el 28 de octubre de 1991 por CBS.

1. Donald G. Dutton y Susan Lee Painter, «Traumatic Bonding: The Development of Emotional Attachments in Battered Women and Other Relationships of Intermittent Abuse», *Victimology: An International Journal* 6, n.º 1 (enero de 1981): 146-147.

2. Sigmund Freud, «Beyond the Pleasure Principle», *The Standard Edition of the Complete Psychological Works of Sigmund Freud*, traducción de James Strachey *et al.* (Londres: The Hogarth Press and the Institute of Psychoanalysis, 1955), 12-13.

3. *Ibid.*, 18.

4. *Ibid.*, 23.

5. *Ibid.*, 21.

6. Christopher Ricks, respondiendo a la conferencia de Galen Strawson, «We Live Beyond Any Tale That We Happen to Enact», 11 de abril de 2010, Universidad de Boston, wbur.org/worldofideas/2010/04/11/we-live-beyond-any-tale-that-we-happen-to-enact.

7. Bessel van der Kolk, *The Body Keeps the Score: Brain, Mind, and Body in the Healing of Trauma* (Nueva York: Penguin, 2015), 32.

Capítulo 7
Cita inicial: Cus D'Amato, «The Coward and the Hero Feel the Same», *Against the Ropes*, 29 de diciembre de 2015, youtube.com/watch?v=1nwkTN1zFt4.

Capítulo 8
Cita inicial: Friedrich Hölderlin, citado por Martin Heidegger, *Poetry, Language, Thought*, traducción de Albert Hofstadter (Nueva York: Harper and Row, 1971), 223.

1. William James, «Hysteria», *Psychological Review* 1, n.º 1 (1894): 199.

2. Robert Stolorow, *Trauma and Human Existence: Autobiographical, Psychoanalytic, and Philosophical Reflections* (Nueva York: Routledge, 2015).

Epílogo

Cita inicial: E. E. Cummings, «Mi padre atravesó condenas de amor», *E. E. Cummings: Complete Poems (1913-1962)* (Nueva York: Harcourt Brace Jovanovich, 1972), 520-522.

Lecturas recomendadas

Capítulo 1

Judith Herman, *Trauma and Recovery: The Aftermath of Violence –from Domestic Abuse to Political Terror* [Trauma y recuperación: las secuelas de la violencia: del maltrato doméstico al terror político] (Nueva York: Basic Books, 1999). Este libro se considera una obra de referencia en la historia del estudio del trauma. Herman es psicóloga clínica y escribe magistralmente sobre las similitudes entre tipos de trauma aparentemente dispares. Es un buen punto de partida si te interesa la historia del estudio del trauma o los temas de la violencia doméstica y el terror político.

Bessel van der Kolk, *El cuerpo lleva la cuenta: cerebro, mente y cuerpo en la superación del trauma* (Editorial Eleftheria S. L. 2020). Si te interesa el trauma desde el punto de vista científico, este libro es una estupenda elección. Van der Kolk es psiquiatra clínico e investigador y uno de los principales expertos en trauma a nivel mundial. Esta obra, dirigida a quienes sufren un trauma y a quienes los asisten, tiene como objetivo explicar cómo afecta el trastorno traumático al cuerpo y la mente y ayudar a facilitar el proceso de recuperación.

Capítulo 2

Jonathan Shay, *Achilles in Vietnam: Combat Trauma and the Undoing of Character* [Aquiles en Vietnam: el trauma del combate y la destrucción del carácter] (Nueva York: Simon & Schuster, 1995). Shay es el psicólogo que acuñó la expresión *lesión moral* en su trabajo con excombatientes de Vietnam. En este libro, establece paralelismos entre los soldados de *La Ilíada* de Homero y los veteranos de Vietnam que sufren TEPT.

Nancy Sherman, *Afterwar: Healing the Moral Wounds of Our Soldiers* [La posguerra: Curar las heridas morales de nuestros soldados] (Nueva York: Oxford University Press, 2015). Sherman, filósofa y especialista en ética, se basa en gran medida en la obra de Jonathan Shay. En este libro, explora los tipos de heridas de combate que no tienen en cuenta ni la psicología ni la medicina: las que destrozan el propio sentido de la moralidad.

David J. Morris, *Evil Hours: A Biography of Post-Traumatic Stress Disorder* [Las horas del mal: una biografía del trastorno de estrés postraumático] (Nueva York: First Mariner Books, 2016). Morris, periodista de guerra que sufrió TEPT tras regresar a casa de Irak en 2011, escribe maravillosamente sobre su experiencia. Explora la historia del trauma de combate y examina algunos de los métodos de tratamiento más conflictivos que se utilizan actualmente.

Capítulo 3

Michael White y David Epston, *Narrative Means to Therapeutic Ends* [Medios narrativos para fines terapéuticos] (Nueva York: W. W. Norton, 1990). White y Epston comienzan reconociendo que, a veces, nuestras historias nos encierran, al no representarnos ni representar nuestras vivencias. A continuación, utilizando ejemplos de sus propias prácticas, explican cómo la «recuperación de la memoria» puede desempeñar un papel fundamental en la curación.

Arthur W. Frank, *The Wounded Storyteller: Body, Illness, and Ethics, 2nd ed.* [El narrador herido: cuerpo, enfermedad y ética, 2.ª ed.] (Chicago: University of Chicago Press, 2013). Frank es un sociólogo médico especializado en la forma en que se tiende a reducir a los enfermos a su condición de tales. Sostiene que este reduccionismo es problemático, ya que las personas son más que sus enfermedades y diagnósticos. Utilizando las historias de quienes se han enfrentado a la enfermedad, Frank muestra el modo en que la historia puede transformar y revelar las heridas.

Peter A. Levine, *Sanar el trauma: un programa pionero para restaurar la sabiduría de tu cuerpo* (Gaia, 2021). Levine es el creador de la terapia de experiencias somáticas, una modalidad que parte del supuesto de que, para curarnos de un trauma, debemos trabajar con la forma en que ese trauma queda impreso en el cuerpo. En este pequeño y breve libro, obtienes una instantánea del programa de Levine y un montón de ejercicios que puedes probar.

Stanley Rosenberg, *El nervio vago: su poder sanador* (Editorial Sirio, 2019). Si las secciones de este libro sobre el nervio vago han despertado tu interés, lee a continuación el libro de Rosenberg. Rosenberg entrelaza a la perfección conocimientos científicos complicados con técnicas prácticas para aumentar el tono vagal y reducir la ansiedad.

Capítulo 4

Jennifer Sweeton, *Tratar el trauma: 165 técnicas y consejos para avanzar en la recuperación* (Editorial Sirio, 2022). Esta guía eminentemente práctica ofrece un enfoque basado en el cerebro para la curación del trauma. Sweeton incluye diagramas y descripciones muy útiles de las estructuras cerebrales que intervienen en la respuesta al trauma, junto con herramientas prácticas y sencillas que puedes poner en práctica. Este libro está pensado para utilizarlo conjuntamente con la terapia y es un gran complemento para el proceso de curación.

Robert D. Stolorow, *Trauma and Human Existence: Autobiographical, Psychoanalytic, and Philosophical Reflections* [Trauma y existencia humana: reflexiones autobiográficas, psicoanalíticas y filosóficas] (Nueva York: Routledge, 2015). Stolorow posee un doble doctorado en filosofía y psicología, y también ha tenido algunas impresionantes experiencias personales con el trauma. En este libro, reflexiona sobre cómo el trauma ocupa un lugar central en la existencia humana, en lugar de ser una experiencia ajena a la norma.

Capítulo 5

Mary-Frances O'Connor, *The Grieving Brain: The Surprising Science of How We Learn from Love and Loss* [El cerebro en duelo: la sorprendente explicación científica de cómo aprendemos del amor y de la pérdida] (Nueva York: HarperOne, 2022). O'Connor es una neurocientífica que ha dedicado su carrera a estudiar el modo en que el dolor afecta al cerebro. En este libro pionero, desgrana su investigación sobre neuroimagen, explica lo que esta nos dice sobre el duelo y el cerebro y ofrece consejos prácticos sobre cómo afrontar el proceso de duelo.

Florence Williams, *Heartbreak: A Personal and Scientific Journey* [El desamor: un viaje personal y científico] (Nueva York: W. W. Norton, 2022). Cuando Williams pasó por un divorcio desgarrador, dirigió su mente de periodista hacia su propia experiencia para averiguar por qué la pérdida estaba causando tantos estragos en su cuerpo. Este libro, en el que se mezclan la ciencia, las terapias alternativas y la historia de su propia vida, ofrece un relato apasionante sobre el dolor y la curación.

Capítulo 6

Emily Nagoski y Amelia Nagoski, *Hiperagotadas* (Diana México, 2021). Este libro examina de cerca el sistema de respuesta al estrés, especialmente en el caso de las mujeres. Aunque no trata específicamente sobre el trauma, lo que funciona para el estrés también se aplica al trauma, porque ambos operan sobre las mismas respuestas del cuerpo. Las hermanas Nagoski hacen un trabajo increíble desmitificando el sistema de respuesta al estrés, y el libro está repleto de consejos y técnicas para controlar los factores estresantes cotidianos.

Dan Tomasulo, *Learned Hopefulness: The Power of Positivity to Overcome Depression* [Esperanza aprendida: el poder de la positividad para superar la depression](Oakland, CA: New Harbinger Publications, 2020). Este es un libro completamente único en el campo de la psicología positiva. Tomasulo te guía para que salgas de la desesperanza con amor, métodos basados en hechos comprobados y consejos prácticos.

Capítulo 7

David Kessler, *Finding Meaning: The Sixth Stage of Grief* [Encontrar el sentido: la sexta etapa del duelo] (Nueva York: Scribner, 2020). Kessler es un investigador del duelo que trabajó estrechamente con Elisabeth Kübler-Ross en su investigación sobre las cinco etapas del duelo. En este libro, Kessler corrige algunos de los malentendidos sobre cómo funcionan estas etapas y analiza cómo encontrar un significado puede ser una parte del duelo que te permita replantear la pérdida por completo. Esta obra constituye una lectura esencial para cualquiera que esté sufriendo una pérdida.

Resmaa Menakem, *My Grandmother's Hands: Racialized Trauma and the Pathway to Mending Our Hearts and Bodies* [Las manos de mi abuela: el trauma racializado y el camino para reparar nuestros corazones y cuerpos] (Las Vegas: Central Recovery Press, 2017). Si te interesa el modo en que el trauma afecta de manera singular a las vidas de las personas de la comunidad negra, indígena y de color (BIPOC, por sus siglas en inglés), este libro es un buen punto de partida. Menakem examina algunas de las formas en que el racismo en Estados Unidos crea traumas y cómo esos traumas se materializan. Plantea vías de curación basadas tanto en el trabajo cognitivo como en el somático. Aparte de esto, es sencillamente una hermosa lectura.

Mark Wolynn, *Este dolor no es mío* (Gaia Ediciones, 2020). Si te interesa el floreciente campo de la epigenética, que estudia las formas en que los efectos del estrés y el trauma pueden transmitirse genéticamente a través de las generaciones, adquiere el libro de Wolynn. No te perderás en una terminología genética confusa. Wolynn explica cómo puede arraigar el trauma familiar, cómo reconocerlo y qué hacer al respecto.

Acerca de la autora

La doctora MaryCatherine (MC) McDonald es profesora, investigadora y *coach* de vida especializada en la psicología y la filosofía del trauma. Investiga, imparte conferencias y escribe sobre la neurociencia, la psicología y la experiencia vital del trauma desde que comenzó su doctorado en 2009. Su obra se centra en el pensamiento crítico sobre cómo entendemos, definimos y sanamos la experiencia traumática. Le apasiona eliminar el estigma del trauma y de los problemas de salud mental en general, así como replantear nuestra comprensión del trauma para entenderlo y tratarlo de forma mucho más efectiva.

Tras cursar un máster en la New School, donde investigó la pérdida traumática y el duelo desde perspectivas filosóficas y psicológicas, se doctoró en la Universidad de Boston. Ha publicado varios artículos de investigación y colaboraciones con otros autores, así como dos libros sobre el trauma, *Merleau-Ponty and a Phenomenology of PTSD: The Hidden Ghosts of Traumatic Memory* [Merleau-Ponty y una fenomenología del TEPT: los fantasmas ocultos de la memoria traumática] y *American and NATO*

Veteran Reintegration: The Trauma of Social Isolation and Cultural Chasms [Reintegración de excombatientes estadounidenses de la OTAN: el trauma del aislamiento social y los abismos culturales].

Además de su trabajo académico, McDonald tiene un próspero negocio de *coaching* de vida. Desde 2010, asesora a clientes particulares y a empleados de empresas, y ha creado un plan de estudios sobre el trauma para organizaciones sin ánimo de lucro de Nueva York, Virginia y California que atiende a personas que han estado encarceladas y a excombatientes.